15분 집중의 힘
1등 하는 **공부 습관**

# 용선생 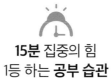 15분
# 세계사 독해

1권
고대 편

사회평론

안녕! '용쓴다, 용써!' 용선생이야.
독해 실력이 좋아야 공부를 잘할 수 있다는 것, 잘 알고 있지?
독해력은 하루아침에 길러지지 않아. 매일 꾸준히 갈고닦아야 해.
선생님이랑 이번에는 세계사 이야기를 함께 읽어 볼 거야.
날마다 한 편씩 세계사 인물과 사건 이야기를 읽고 문제를 풀다 보면
독해력은 물론 어휘력도 길러지고 세계사 실력도 자랄 거야.
자, 그럼 세계사 독해를 시작해 볼까?

# ① 날마다 세계사 인물 이야기 읽기!

내 이름은 장하다! 세계사에
등장하는 인물들의 생생한 대사와
재미있는 그림을 보니 마치
그 시대에 들어와 있는 것 같아!

세계사 필수 인물들의 재미난 이야기를 읽어 볼 거야. 중학교 역사 교과서에 나오는 **교과서 핵심어**를 정리해 두었으니 이것만은 꼭 알아두자! 인물 사전 을 보면 해당 인물에 대해 더 자세히 알 수 있어. 중요한 역사 용어는 역사 사전 을 통해 꼼꼼히 살펴보자! 낯선 지역은 지리 사전 을 보며 어디인지 확인해 봐! 지문 속 숫자가 표시된 낱말은 지문 아래 **어휘 풀이**를 보면 정확한 뜻을 알 수 있어.

## ② 독해 학습으로 세계사 다지고, 어휘 학습으로 어휘력 키우기!

안녕, 난 나선애야!
다양한 유형의 문제를
풀다 보면 교과서 핵심어가
머릿속에 쏙쏙 남아!

후훗, 난 왕수재! 나처럼
독해 박사가 되고 싶은 친구는
어휘 학습 문제도 꼭 풀어 봐!

문제를 풀면서 내용을 확인해 보자. 중심 내용 찾기, 인물 이해, 지도 읽기, 자료 해석, 핵심 정리 등 **다양한 유형의 문제를** 풀다 보면 **교과서 핵심어가 머릿속에 깊이** 새겨질 거야. 마지막 어휘 학습 문제를 풀며 독해 필수 어휘도 복습해 보자. **독해의 기초인 어휘력이 쑥쑥** 자랄 거야.

## ③ 재미난 퀴즈로 복습하기!

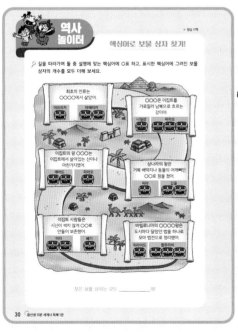

나는 곽두기야!
나랑 같이 역사 놀이터에서
놀며 핵심어를 정리해 보자!

🎧 인물 이야기를 음원으로 듣기!

나는 허영심!
QR 코드를 검색해 세계사
인물 이야기를 들어 봐!

전문 성우들이 세계사
인물 이야기를 실감나게
들려줄 거야! **듣기만 해도
세계사가 머릿속에 쏙쏙**
들어올걸?

한 주 동안 공부한 핵심어들을 재미난 퀴즈를 풀며 떠올려 보자.
**역사 놀이터에서 핵심어로 보물 상자 찾기** 등을 하며 읽은 내용을
**재미있게 복습**할 수 있어.

● 이 지도는 현대 국가와 그 국가의 문화권을 기준으로 제작하였습니다.

북극해

유럽

러시아

노르웨이
스웨덴
독일
폴란드
우크라이나
프랑스
이탈리아
파냐
그리스
튀르키예
지중해
알제리
리비아
이집트
이라크
이란
아프가니스탄
파키스탄
사우디
아라비아
말리
니제르
차드
수단
인도
나이지리아
카메룬
남수단
에티오피아
케냐
콩고
민주 공화국
탄자니아
앙골라
잠비아
나미비아
짐바브웨
마다가스카르
남아프리카
공화국

카자흐스탄
몽골
중국
대한민국
일본

미얀마
태국
베트남
필리핀

인도네시아

아프리카

인도양

태평양

아시아

오스트레일리아

오세아니아

뉴질랜드

남극해

남극 대륙

# 용선생 15분 세계사 독해 **차례**

 역사는 문명의 탄생과 함께 시작되었어!
세계 각지에서 어떤 문명이 나타났는지 알아볼까?

# 1주

**기원전 2333년**
고조선 건국

| 350만 년 전 | 기원전 3500년 무렵 | 기원전 3100년 | 기원전 1750년 | 기원전 1600년 무렵 |
|---|---|---|---|---|
| 최초의 인류 출현 | 메소포타미아 문명 등장 | 이집트 문명 등장 | 함무라비 법전 제정 | 상나라 건국 |

| 회차 | 학습 내용 | 교과서 핵심어 | 교과 연계 | 학습 계획일 | |
|---|---|---|---|---|---|
| 01 | 최초의 **인류**, 아프리카에서 발견되다 | ★ 인류<br>★ 아프리카<br>★ 루시<br>★ 진화 | 【중학 역사 I】<br>I. 문명의 발생과 고대 세계의 형성<br>② 세계의 선사 문화와 고대 문명 | 월 | 일 |
| 02 | **메소포타미아**에서 탄생한 최초의 문명 | ★ 메소포타미아<br>★ 신전<br>★ 쐐기 문자<br>★ 문명 | 【중학 역사 I】<br>I. 문명의 발생과 고대 세계의 형성<br>② 세계의 선사 문화와 고대 문명 | 월 | 일 |
| 03 | **파라오**, 거대한 무덤 피라미드를 짓다 | ★ 파라오<br>★ 피라미드<br>★ 이집트<br>★ 미라 | 【중학 역사 I】<br>I. 문명의 발생과 고대 세계의 형성<br>② 세계의 선사 문화와 고대 문명 | 월 | 일 |
| 04 | **상나라 왕**, 거북 배딱지로 점을 치다 | ★ 중국<br>★ 상나라<br>★ 갑골 문자 | 【중학 역사 I】<br>I. 문명의 발생과 고대 세계의 형성<br>② 세계의 선사 문화와 고대 문명 | 월 | 일 |
| 05 | **함무라비왕**, 법전을 만들다 | ★ 함무라비왕<br>★ 바빌로니아<br>★ 함무라비 법전 | 【중학 역사 I】<br>I. 문명의 발생과 고대 세계의 형성<br>② 세계의 선사 문화와 고대 문명 | 월 | 일 |
| 역사 놀이터 | | **핵심어로 보물 상자 찾기!** | | | |

# 01 최초의 인류, 아프리카에서 발견되다

최초의 인류는 어디에 살았을까? 그리고 어떤 모습이었을까?

| 교과서 핵심어 | ★인류　★아프리카　★루시　★진화 |

오늘날 인류는 지구 어디에나 살고 있어. 인류는 바다 한가운데의 외딴섬이나, 눈보라가 몰아치는 높은 산, 깊은 숲속에도 살고 있지. 그렇다면 세계 최초의 인류는 과연 어디에서 살았을까?

그건 누구도 정확히 알 수 없었어. 너무나 오래된 일이라서 어떤 흔적도 남아 있지 않기 때문이야. 많은 학자들은 최초의 인류가 어디서 살았는지 연구했어.

"여기 보세요! 동남아시아에서 50만 년이나 된 화석을 찾아냈습니다. 최초의 인류는 여기 살았던 게 틀림없어요!"

"어허, 무슨 소리? 이번에 중국에서도 50만 년 전 인류의 화석을 찾아냈어요. 최초의 인류는 중국에서 살았던 게 확실합니다."

세계 곳곳에서 오래된 인류의 화석을 찾아낼 때마다 세상이 들썩였어. 그런데 이렇게 생각하는 사람도 있었지.

"인간과 가장 많이 닮은 동물은 침팬지입니다. 그런데 침팬지의 고향은 아프리카죠. 그러니 인간도 원래는 아프리카에 살지 않았을까요?"

"오, 그것도 말이 되는군요?"

아프리카가 고향인 침팬지는 지구에서 인간과 가장 닮은 동물이야. 똑똑한 침팬지는 사람처럼 도구를 만들어 쓸 수 있을 정도지. 그러니까 아주 먼 옛날 최초의 인류도 침팬지처럼 아프리카에 살다가 차츰 전 세계로 퍼져 나갔을 거라고 생각한 거야. 하지만 뚜렷한 증거는 없었어.

그런데, 한 학자가 아프리카에서 놀라운 화석을 찾아냈어.

"이 화석을 보세요! 이것이야말로 최초의 인류가 틀림없습니다!"

아프리카에서 무려 350만 년 전 인류의 화석이 발견된 거야. 지금까지 찾아낸

---

❶ 최초(最가장 최, 初처음 초) 맨 처음. ❷ 연구(研갈 연, 究연구할 구) 어떤 일이나 사물에 대하여 깊이 있게 조사하고 생각하여 진리를 따져 보는 일. ❸ 화석(化될 화, 石돌 석) 오래전 살았던 동식물의 흔적이 땅에 묻힌 채 그대로 남아 있는 것. ❹ 증거(證증거 증, 據근거 거) 어떤 사실을 증명할 수 있는 근거.

어떤 인류의 화석보다도 오래된 화석이었지. 학자들은 이 화석에 '루시'라는 이름을 붙였어.

루시는 지금의 인류와는 많이 달랐어. 키도 작고, 머리뼈의 크기도 많이 작았지. 하지만 다리뼈를 살펴보니 지금의 인류와 꼭 닮아 있었어. 루시가 지금의 인류처럼 두 발로 걸었다는 증거였지.

"최초의 인류는 이렇게 꼿꼿이 서서 두 발로 걸었습니다. 자유로운 두 손으로 도구를 만들어 쓰면서 차츰 오늘날 인류의 모습으로 진화하게 된 거죠."

학자들은 뒤이어 아프리카 곳곳에서 아주 오래된 인류의 화석들을 찾아냈어. 루시와 비슷한 시대의 인류가 두 발로 걸으며 남긴 발자국도 찾았고, 루시보다 더 오래된 인류의 화석도 잇따라 찾아냈지.

"인류의 고향은 아프리카였구나!"

오늘날 대부분 학자들은 인류가 아프리카에서 태어나 전 세계로 퍼져 나간 거라고 생각하고 있어. 아주 오래전 아프리카를 떠난 인류가 세계 곳곳의 환경에 적응하며 뿌리를 내렸고, 그 결과 지금처럼 다양한 모습을 띠게 되었다는 거지.

**인류**

인간을 다른 동물들과 구분하여 부르는 말이야. 최초의 인류는 아주 오래 전. 침팬지와 같은 조상으로부터 갈라져서 탄생했어.

**아프리카**

지구상의 여러 대륙 중 하나야. 유럽 아래쪽에 자리하고 있지. 아시아에 이어 세계에서 두 번째로 넓은 대륙이고, 사람도 두 번째로 많이 살아.

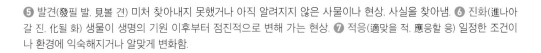

❺ 발견(發필 발. 見볼 견) 미처 찾아내지 못했거나 아직 알려지지 않은 사물이나 현상. 사실을 찾아냄. ❻ 진화(進나아갈 진, 化될 화) 생물이 생명의 기원 이후부터 점진적으로 변해 가는 현상. ❼ 적응(適맞을 적. 應응할 응) 일정한 조건이나 환경에 익숙해지거나 알맞게 변화함.

**1** 이 글을 읽고 알맞은 내용에 선을 그어 중심 문장을 완성해 보세요.

중심
내용

① 최초의 인류의 화석이     ③ 아프리카에서

② 최초의 침팬지의 화석이     ④ 중국에서

발견되었다.

**2** 이 글의 내용과 일치하면 O표, 일치하지 않으면 X표 해 보세요.

내용
이해

(1) 인간과 가장 닮은 동물은 침팬지이다. (          )

(2) 350만 년 전 인류의 화석이 중국에서 발견되었다. (          )

(3) 오늘날 대부분의 학자들이 인류가 아프리카에서 태어나 전 세계로 퍼져 나갔다고 생각한다.

(          )

**3** 이 글의 학자가 강연회를 열었어요. 빈칸에 들어갈 말로 알맞은 것을 골라 보세요.

내용
적용

(          )

나는 인류의 고향이 아프리카라고 생각합니다. 그 이유는 _____

① 아프리카는 침팬지가 살기 좋은 곳이기 때문입니다.

② 아프리카에서만 50만 년 전 인류의 화석이 발견되었기 때문입니다.

③ 아프리카의 위치가 인류가 세계로 퍼져 나가기에 적합하기 때문입니다.

④ 지금껏 가장 오래된 인류의 화석이 아프리카에서 발견됐기 때문입니다.

**4** 다음 신문 기사에서 이 글의 내용과 일치하지 <u>않는</u> 것을 골라 보세요. (          )

내용
적용

## ○○ 신문      ○○○○년 ○○월 ○○일

### <속보> 아프리카에서 인류의 화석이 발견돼

① 아프리카에서 350만 년 전 인류의 화석이 발견됐다. 지금까지 발견된 인류 화석 중 가장 오래된 것이다. 학자들은 ② 이 화석에 루시라는 이름을 붙였다. 학자들에 따르면 루시는 ③ 오늘날 인류와 생김새가 많이 다르지만, ④ 사람처럼 문자를 써서 이야기를 주고받았다는 점이 오늘날 인류와 똑같다고 한다.

▶ 정답과 풀이 2쪽

**5** 빈칸을 채우며 이 글의 내용을 정리해 보세요.

| | 350만 년 전 인류의 화석 | |
|---|---|---|
| 이름 | ① | |
| 발견된 곳 | ② | |
| 특징 | • 지금의 인류와 다르게 키가 작고 머리뼈도 작았음.<br>• 오늘날 인류처럼 두 발로 꼿꼿이 서서 걸었음. | |

## 어휘 학습

**6** 낱말의 알맞은 뜻을 찾아 선으로 이어 보세요.

(1) 연구 •

(2) 화석 •

(3) 발견 •

• ① 오래전 살았던 동식물의 흔적이 땅에 묻힌 채 그대로 남아 있는 것.

• ② 미처 찾아내지 못했거나 아직 알려지지 않은 사물이나 현상, 사실을 찾아냄.

• ③ 어떤 일이나 사물에 대하여 깊이 있게 조사하고 생각하여 진리를 따져 보는 일.

**7** 밑줄 친 낱말의 뜻이 보기 와 같은 것을 골라 보세요. (        )

보기      어떤 사실을 증명할 수 있는 근거.

① 이 사건에는 어떤 증거도 남아 있지 않다.

② 이 동굴에서 아주 오래된 공룡의 화석을 찾아냈다.

③ 우리나라 최초의 국가는 단군왕검이 세운 고조선이다.

④ 오빠는 고등학교 생활에 빠르게 적응해서 친구도 많이 사귀었다.

# 02

# 메소포타미아에서 탄생한 최초의 문명

최초의 문명은 어디서 탄생했지? 과연 그 모습은 어땠을까?

| 교과서 핵심어 | ★메소포타미아 ★신전 ★쐐기 문자 ★문명 |

"아버지, 절대 안 돼요! 송송이를 제물[1]로 바친다니! 제가 동생처럼 생각하고 키웠는데……."

"메르네, 신의 노여움을 풀기 위해서는 염소를 제물로 바쳐야 해!"

아끼는 염소 송송이를 제물로 바친다는 말에 메르네는 울상이 되었어.

메르네는 지금으로부터 오천 년 전 메소포타미아에 살았어. 메소포타미아에는 큰 강이 두 개나 흘렀는데, 물이 풍부해서 살기가 좋았지. 옛날 사람들은 이렇게 강 근처에 머물면서 농사를 지으며 모여 살았어.

그런데 때로는 강이 흘러 넘쳐서 홍수가 나기도 했어. 한번 홍수가 나면 마을이 온통 물에 잠기고, 한 해 농사도 모두 헛수고가 되었지. 무기를 든 약탈자[2]가 쳐들어와서 농작물을 모두 빼앗아가기도 했어.

"어떻게 하면 홍수를 막고 농작물을 지킬 수 있을까?"

그래서 사람들은 커다란 신전[3]을 짓고 기도를 올렸어. 또 신에게 제물을 바치기도 했지. 이번에는 메르네가 아끼던 염소 송송이가 제물이 될 차례였던 거야.

"저도 신전에 같이 갈래요."

신전은 도시 한가운데에 있었어. 어찌나 큰지 도시 어디서든 한눈에 보였지. 메르네는 신전에서 송송이를 제물로 바치며 말했어.

"제가 소중히 키우던 염소예요! 신께 간절한 저희의 마음을 생각해 주시어 올해 농사도 잘되게 해 달라고 전해 주세요."

신전에는 제사장이 있었어. 제사장은 신께 기도를 올리는 사람이야. 마을 사람들은 모두 제사장을 존경하며 따랐지. 제사장은 송송이를 쓰다듬으며 말했어.

"흠, 해마다 열심히 제물을 바쳤구나! 올해는 네가 아끼는 염소를 바쳤으니 꼭

---

## 역사 사전

**문명**

사람들이 원시적인 생활에서 벗어나 높은 수준의 발전을 이룬 모습을 말해. 문자를 사용하고 도시를 지어 사는 모습이 모두 문명이야.

---

[1] 제물(祭제사 제. 物만물 물) 제사를 지낼 때 바치는 물건이나 짐승. [2] 약탈자(掠노략질할 약. 奪빼앗을 탈. 者사람 자) 폭력을 써서 남의 것을 억지로 빼앗는 사람. [3] 신전(神귀신 신. 殿큰 집 전) 신을 모신 커다란 집.

소원을 들어주실 터이다!"

제사장은 해마다 바쳐진 제물을 문자[4]로 그때그때 꼼꼼히 적어 두었어. 그래서 누가 얼마나 제물을 바쳤는지 알 수 있었지. 이렇게 메소포타미아 지역에서 사용하던 문자를 '쐐기[5] 문자'라고 해. 꼭 쐐기처럼 뾰족하게 생겼다고 해서 붙은 이름이야. 메소포타미아 사람들은 쐐기 문자로 다양한 기록[6]을 남겼어.

부디 올해는 홍수를 막아주십시오!

간절히 기도 드립니다!

제사장은 송송이를 끌고 신전 안으로 들어갔어. 메르네는 '음메, 음메' 구슬프게[7] 우는 송송이를 보며 눈물을 흘렸지. 메르네는 눈을 감고 신께 기도했어.

"신이시여! 올해는 부디 농사가 잘돼서, 가족 모두가 배부르게 밥을 먹을 수 있게 해 주세요."

송송이를 바친 덕이었는지 그해에는 홍수가 없었어. 또 약탈자들이 쳐들어오는 일도 없었지. 메소포타미아에는 많은 사람이 모여들었고, 차츰 큰 도시가 만들어졌어. 이렇게 메소포타미아에는 인류 최초의 문명이 탄생한 거야.

지리 사전

**메소포타미아**
오늘날의 이라크 지역이야. 메소포타미아는 '두 강 사이의 땅'이라는 뜻이지. 지금으로부터 약 5천 년 전. 인류 최초의 문명이 이곳에서 탄생했어.

지중해    메소포타미아
아프리카    아라비아반도

---

[4] 문자(文글월 문. 字글자 자) 사람의 말을 적는 데 사용되는 기호. [5] 쐐기 물건 틈새에 박아서 그 틈을 메우거나 벌리는 데 쓰는 물건. [6] 기록(記기록할 기. 錄기록할 록) 훗날 남길 목적으로 어떤 사실을 적음. 혹은 그런 글. [7] 구슬프다 마음이 쓸쓸해질 만큼 슬프다.

**1** 빈칸을 채워 이 글의 중심 내용을 완성해 보세요.

중심
내용

인류 최초의 [    ][    ]을 이룩한 메소포타미아 사람들은 신께 제물을 바치고

농사가 잘되기를 기도했다.

**2** 이 글을 읽고 메소포타미아에 대한 설명으로 알맞지 <u>않은</u> 것을 골라 보세요. (       )

내용
이해

① 메소포타미아 사람들은 신전을 지었다.

② 메소포타미아 지역에서는 홍수가 자주 일어났다.

③ 메소포타미아에는 강이 없어 농사짓기가 어려웠다.

④ 메소포타미아에는 신께 제사를 올리는 제사장이 있었다.

**3** 사진을 보고 대화를 나누었어요. 이 글의 내용과 일치하지 <u>않는</u> 것을 골라 보세요. (       )

자료
해석

용선생: 얘들아, 이건 '쐐기 문자'가 새겨진 점토판이야.

① 선애: 이 문자로 다양한 기록을 남겼을 거야.

② 하다: 메소포타미아 사람들이 썼던 문자구나!

③ 영심: 이 문자는 우리나라에서도 널리 쓰였어.

④ 두기: 뾰족한 쐐기처럼 생겨서 '쐐기 문자'라고 불러.

**4** 이 글을 읽고 발표문을 작성했어요. 빈칸에 들어갈 알맞은 낱말을 써 보세요.

내용
적용

이 유적은 메소포타미아 사람들이 지은 거대

한 [          ]이죠. 메소포타미아 사람들

은 이곳에서 신에게 제물을 바치고 홍수가 나지

않기를 기도했다고 해요.

**5** 빈칸을 채우며 이 글의 내용을 정리해 보세요.

핵심
정리

| | | | | | | 문명 |

[특징]

• 인류 최초의 문명이다.

• 큰 강 근처에서 농사를 지으며 살았다.

• 쐐기 문자를 만들어 다양한 기록을 남겼다.

• 신전을 지어 신께 제물을 바치고 기도를 올렸다.

  어휘 학습

**6** 낱말의 알맞은 뜻을 찾아 선으로 이어 보세요.

어휘
복습

(1) 제물 •

(2) 문자 •

(3) 기록 •

• ① 사람의 말을 적는 데 사용되는 기호.

• ② 제사 지낼 때 바치는 물건이나 짐승.

• ③ 훗날 남길 목적으로 어떤 사실을 적음. 혹은 그런 글.

**7** 보기 에서 알맞은 낱말을 찾아 밑줄 친 말을 바꾸어 써 보세요.

어휘
적용

보기   약탈자   신전   쐐기   구슬프다

(1) 폭력을 써서 남의 것을 억지로 빼앗는 사람은 나쁘다.

➡ (                    )는 나쁘다.

(2) 그 가수의 노랫소리가 오늘따라 마음이 쓸쓸해질 만큼 슬프다.

➡ 그 가수의 노랫소리가 오늘따라 (                    ).

# 03

# 파라오, 거대한 무덤 피라미드를 짓다

파라오는 누구일까? 거대한 피라미드는 도대체 왜 지었지?

교과서 핵심어 | ★파라오 ★피라미드 ★이집트 ★미라

"지금부터 내 피라미드를 어떻게 지을 것인지 말해 보도록 하라. 물론 세상에서 가장 멋지고 웅장해야 할 것이야!"①

새롭게 즉위한② 파라오가 신하들을 내려다보며 말했어. 파라오는 이집트의 왕을 가리키는 말이야. 신하들은 감히 파라오를 쳐다보지도 못한 채 고개를 숙이고 있었지. 옛날 이집트에서는 파라오가 살아 있는 신이나 마찬가지였거든.

"물론입니다. 파라오께서는 세상에서 가장 위대한 분이시니, 저희가 머리를 맞대고 생각을 모으겠습니다."

피라미드는 이집트의 왕인 파라오의 무덤이야. 옛날 이집트에서는 사람이 죽은 후에도 영혼은③ 남아서 새로운 삶을 살아간다고 믿었어. 그래서 피라미드는 죽은 파라오의 영혼이 머무는 궁전 같은 곳이었지.

피라미드는 운동장보다도 넓고, 아파트보다 훨씬 컸어. 이렇게 큰 피라미드를 돌을 쌓아 지으려면 수십 년이나 걸렸지. 그래서 새 파라오가 즉위하면 피라미드를 지을 계획부터 미리 세웠던 거야.

"파라오께서 피라미드에서 머무시면서 불편하지 않도록, 살아 계실 때 사용하시던 물건을 피라미드에 함께 넣도록 하겠습니다."

"그래. 나에게 어울리는 화려한 옷과 보물도 함께 넣도록 하라."

파라오가 흐뭇하게 웃으며 대답했어. 다른 신하도 한마디 보탰지.

"파라오께서 죽은 뒤에도 아름다운 이집트의 모습을 기억하셨으면 좋겠습니다. 그러니 피라미드의 벽에는 아름다운 이집트의 모습을 그려 넣겠습니다."

"어떤 그림을 그려 넣을 건가?"

"이집트 사람들이 고기를 잡고 농사를 짓는 모습을 그리겠습니다."

---

① 웅장하다(雄수컷 웅. 壯씩씩할 장) 건물. 자연 경치. 예술 작품 같은 것이 거대하고 우람하다. ② 즉위(卽곧 즉. 位자리 위) 임금이 될 사람이 임금의 자리에 오름. ③ 영혼(靈신령 영. 魂넋 혼) 죽은 사람 몸에서 빠져나온 넋.

신하들의 이야기를 들으며 파라오는 고개를 끄덕였어. 그러다 문득 한 가지 걱정이 들었지.

내 피라미드가 다 지어졌군. 이젠 죽은 뒤에도 걱정 없겠어.

"그러고 보니 내 몸을 미라로 만들어야 하는구나. 준비는 잘 되어 가고 있는가?"

이집트 사람들은 죽은 사람의 몸이 썩어 없어지면 영혼이 머물 곳도 없어진다고 생각했어. 그래서 사람이 죽으면 그 시신⁴이 썩지 않도록 미라로 만들었지. 몸에서 썩기 쉬운 장기⁵는 빼내어 따로 보관하고, 나머지 부분은 바싹 말려서 관에 넣어 두는 거야. 이렇게 만든 미라는 아주 오랜 시간이 흘러도 그 모습이 변하지 않아. 심지어 수천 년이 흐른 지금까지도 그 모습을 그대로 볼 수 있을 정도지.

신하들은 고개를 조아리며⁶ 대답했어.

"물론입니다. 파라오님의 몸은 수천 년이 흘러도 지금 모습 그대로 남아 있을 것이니, 아무 걱정 마십시오."

신하들의 말을 들은 파라오는 기분이 좋았어.

"너희들의 말을 들으니 안심이 되는구나. 계획대로 피라미드를 짓도록 하라!"

파라오는 아름다운 나일강 너머 끝없이 펼쳐진 사막으로 눈을 돌렸어. 저기 어딘가에 곧 지어질 피라미드를 상상하니 저절로 미소가 지어졌지.

**지리 사전**

**나일강**
이집트를 가로질러 남북으로 흐르는 강이야. 세계에서 가장 긴 강이지.

---

❹ 시신(屍주검 시. 身몸 신) 죽은 사람의 몸을 점잖게 이르는 말. ❺ 장기(臟내장 장. 器그릇 기) 사람 몸속에 있는 내장들. ❻ 조아리다 상대편에게 존경의 뜻을 보이거나 애원하느라고 이마가 바닥에 닿을 정도로 머리를 자꾸 숙이다.

**1**

중심
내용

이 글의 중심 내용으로 알맞은 것을 골라 보세요. (        )

① 미라를 만드는 방법

② 피라미드에 넣었던 물건

③ 파라오의 피라미드 건설

④ 나일강이 흐르는 이집트

**2**

내용
이해

이 글의 파라오에 대한 내용과 일치하면 ○표, 일치하지 않으면 X표 해 보세요.

(1) 파라오는 죽지 않고 영원히 살았다.                                    (        )

(2) 파라오는 옛날 이집트에서 신과 같은 존재였다.                          (        )

(3) 파라오는 즉위하자마자 피라미드를 지을 계획을 세웠다.                    (        )

(4) 파라오가 세상을 떠나면 시신이 썩지 않도록 미라로 만들었다.              (        )

**3**

내용
적용

이 글을 읽고 발표문을 작성했어요. 이 글의 내용과 일치하지 <u>않는</u> 것을 골라 보세요.

(        )

> **제목: 옛날 이집트 사람들은 어떻게 살았을까?**
>
> ① 옛날 이집트의 왕을 파라오라고 합니다. ② 이집트 사람들은 사람이 죽으면 영혼이 함께 사라진다고 믿었습니다. 그래서 파라오의 무덤인 ③ 피라미드는 죽은 파라오의 영혼이 머무는 궁전처럼 크고 화려하게 지었습니다. ④ 피라미드의 벽에는 이집트 사람들이 고기를 잡고 농사를 짓는 모습도 그려 넣었다고 합니다.

**4**

자료
해석

이 글을 읽고 빈칸에 공통으로 들어갈 알맞은 낱말을 써 보세요.

이 사진은 파라오의 무덤인 [        ]와 스핑크스입니다. 상반신은 사람, 하반신은 사자의 모습을 한 스핑크스는 신화 속 동물로, [        ]를 지키는 수호신으로 잘 알려져 있습니다.

| | | | |
|---|---|---|---|
| | | | |

**5** 빈칸을 채우며 이 글의 내용을 정리해 보세요.

핵심
정리

| 피라미드 | | |
|---|---|---|
| 용도 | 이집트의 왕 ①　　　　　　의 무덤 | |
| 규모 | • 매우 거대하여 짓는 데 수십 년이 걸렸다. | |
| 특징 | • 벽에는 ②　　　　　　 사람들이 고기를 잡고, 농사를 짓는 모습을 그렸다.<br>• 파라오의 시신을 썩지 않는 ③　　　　로 만들었다. | |

**어휘 학습**

**6** 낱말의 알맞은 뜻을 찾아 선으로 이어 보세요.

어휘
복습

(1) 시신 •

(2) 웅장하다 •

(3) 조아리다 •

• ① 죽은 사람의 몸을 점잖게 이르는 말.

• ② 건물, 자연 경치, 예술 작품 같은 것이 거대하고 우람하다.

• ③ 상대편에게 존경의 뜻을 보이거나 애원하느라고 이마가 바닥에 닿을 정도로 머리를 자꾸 숙이다.

**7** 빈칸에 들어갈 알맞은 낱말을 보기 에서 찾아 문장을 완성해 보세요.

어휘
적용

보기　　　　즉위　　　　영혼　　　　장기

(1) 새로운 왕께서 ＿＿＿＿＿＿하였으니 모두 함께 잔치를 엽시다!
　　　 ↳ 임금이 될 사람이 임금의 자리에 오름.

(2) 아버지께서는 돌아가신 뒤 ＿＿＿＿＿＿를 기증하기로 약속하셨어.
　　　 ↳ 사람 몸속에 있는 내장들.

(3) 할머니께서는 좋은 분이셨으니 ＿＿＿＿＿＿은 꼭 좋은 곳으로 가실 거야.
　　　 ↳ 죽은 사람 몸에서 빠져나온 넋.

| 아시아 |

# 04 상나라 왕, 거북 배딱지로 점을 치다

상나라 사람들은 거북 배딱지로 앞날을 내다봤대. 과연 어떻게 했던 걸까?

---

| 교과서 핵심어 | ★중국 ★상나라 ★갑골 문자 |

약 4천 년 전, 중국 땅에는 상나라가 있었어. 상나라는 중국에 흔적이 남아 있는 가장 오래된 나라야. 상나라 사람들은 점을 몹시 중요하게 여겼어. 그래서 사소한 일부터 나라의 중요한 일까지 모두 왕이 점을 쳐서 결정했지.

"왕이시여, 올해는 과연 풍년이 들지 모두가 궁금해 하옵니다. 점을 쳐 보시옵 소서."

"알겠다. 바로 점을 칠 터이니 어서 준비를 하여라."

새해 첫날부터 상나라 왕은 가슴이 무거워졌어. 작년에는 점괘가 몹시 안 좋 았는데, 점괘대로 나라에 큰 흉년이 들었거든.

'올해는 꼭 풍년이 들어야 할 텐데……'

이번에는 부디 점괘가 좋게 나오길 바라며 왕은 조심조심 걸음을 옮겼어. 왕 의 눈앞에는 커다란 상자 모양의 화로가 준비되어 있었지.

사람들은 화로에 불을 피우고, 구멍을 뚫어 놓은 거북 배딱지를 왕 앞에 두었 어. 상나라에서는 이렇게 거북 배딱지나 동물의 어깨뼈를 써서 점을 쳤어. 이렇 게 점을 칠 때 쓰는 거북 배딱지나 동물의 어깨뼈를 '갑골'이라 불렀지.

왕은 진지한 표정으로 거북 배딱지를 화로에 조심스레 올리면서 말했어.

"하늘이시여, 과연 올해는 풍년이 들겠습니까?"

상나라 왕과 주변 사람들 모두가 침을 꿀꺽 삼키며 조용히 기다렸어. 거북 배 딱지는 활활 타오르는 불길 위에서 잘 달구어지더니, 잠시 뒤 쩍 소리를 내며 갈 라졌지.

왕은 화로에서 갈라진 거북 배딱지를 조심스럽게 꺼냈어.

"전하, 점괘가 어떻게 나왔사옵니까?"

---

❶ 점(占점칠 점) 앞으로 일어날 일을 미리 따져 보는 일. 점을 쳐서 나온 결과를 점괘라고 함. ❷ 풍년(豐풍성할 풍. 年해 년) 곡식이 잘 자라서 평소보다 수확이 많은 해. ❸ 흉년(凶흉할 흉. 年해 년) 곡식이 잘 자라지 않아서 평소보다 수확이 적은 해. ❹ 화로(火불 화. 爐화로 로) 숯불을 놓아두는 그릇.

왕은 근엄한 표정으로 거북 배딱지를 뚫어져라 살폈어. 점괘를 해석하려면 거
북 배딱지에 금이 간 모양을 보아야 했거든.

한참이나 거북 배딱지를 들여다보던 왕은 함박웃음을 지었어.

"하하, 모두 기뻐하시오! 점괘에 따르면 올해는 풍년이라 하오."

"감사합니다. 만세, 만세!"

점괘를 들은 신하들은 두 손을 번쩍 들고 만세를 불렀어.

"점괘를 기록해 두도록 하시오."

왕은 신하들을 시켜 점괘 내용을 기록하게 했어. 신하들은 거북 배딱지 뒷면
에 문자로 점괘를 새겼지. 이때 새긴 문자가 바로 '갑골 문자'야. 갑골 문자 중에
는 한자와 비슷한 모습을 한 글자가 많아. 그래서 갑골 문자는 오늘날 한자의 조
상으로 여겨지지.

### 🏛 역사 사전

**상나라**
**(기원전 1600년 무렵 ~ 기원전 1046년 무렵)**

옛날 중국에 있던 나라야. 갑
골 문자를 썼고, 중국의 청동
기 시대를 열었어.

---

❺ 해석(解풀 해. 釋풀 석) 사물이나 행위 등의 내용을 판단하고 이해하는 일. ❻ 신하(臣신하 신. 下아래 하) 임금을 모셔
벼슬을 하고 있는 사람. ❼ 새기다 글씨나 형상을 파다. ❽ 한자(漢한나라 한. 字글자 자) 옛 중국에서 만들어져 오늘날
까지 쓰이고 있는 문자. 우리나라와 일본에서도 쓰임.

**1**

중심
내용

빈칸을 채워 이 글의 중심 내용을 완성해 보세요.

| | | |
|---|---|---|
| | | |

에서는 거북 배딱지로 앞날을 점치고 결과를 기록했다.

**2**

내용
이해

이 글의 내용과 일치하면 O표, 일치하지 않으면 X표 해 보세요.

(1) 상나라 왕은 점괘를 해석할 수 있었다. ( )

(2) 상나라는 나라의 중요한 일만 점을 쳐서 결정했다. ( )

(3) 상나라는 지금까지 흔적을 찾아낸 중국의 나라들 중에 가장 오래됐다. ( )

**3**

추론

이 글의 상나라 왕이 그림과 같이 행동한 까닭을 골라 보세요. ( )

① 갑골이 얼마나 단단한지 확인하기 위해서

② 갑골이 얼마나 무거운지 무게를 재기 위해서

③ 갑골에 구멍이 잘 뚫렸는지 확인하기 위해서

④ 갑골의 점괘가 어떻게 나왔는지 확인하기 위해서

**4**

자료
해석

이 글을 읽고 다음 사진에 대한 설명으로 알맞지 **않은** 것을 골라 보세요. ( )

▲ 갑골 문자

① 오늘날 한자의 조상이다.

② 사람의 뼈에 새긴 문자다.

③ 거북 배딱지에 새긴 문자다.

④ 상나라에서 점을 치고 점괘를 기록할 때 사용한 문자다.

**5** 빈칸을 채우며 이 글의 내용을 정리해 보세요.

핵심
정리

상나라 왕은 나라의 사소한 일부터 중요한 일까지 모두 ① ☐ 을 쳐서 결정했다.

점괘로 나온 결과는 거북 배딱지 뒷면에 문자로 새겼다. 이 문자를 ② ☐☐

☐☐ 라고 한다.

## 어휘 학습

**6** 낱말의 알맞은 뜻을 찾아 선으로 이어 보세요.

어휘
복습

(1) 점 •

(2) 해석 •

(3) 신하 •

• ① 임금을 모셔 벼슬을 하고 있는 사람.

• ② 앞으로 일어날 일을 미리 따져 보는 일.

• ③ 사물이나 행위 등의 내용을 판단하고 이해하는 일.

**7** 밑줄 친 낱말이 잘못 쓰인 문장을 골라 보세요. ( )

어휘
적용

① 아버지는 시계 뒷면에 자신의 이름을 새겼다.

② 올해는 무슨 일이 일어날지 한번 점을 쳐 봅시다.

③ 작년에는 흉년이 들어서 먹을 것이 아주 풍족했어.

④ 추운 겨울 밤, 화로에 불을 피우고 군고구마를 구워 먹었다.

# 05

# 함무라비왕, 법전을 만들다

함무라비왕이 법전을 만들었대! 법전을 만들자 과연 어떤 변화가 생겼을까?

**함무라비**
(? ~ 기원전 1750년)

바빌로니아 제국의 왕이야. 함무라비는 메소포타미아를 통일하고, 법전을 정리했어.

| 교과서 핵심어 | ★ 함무라비왕 ★ 바빌로니아 ★ 함무라비 법전 |

"감히 귀한 내 아들의 뺨을 때리다니! 저 노예❶를 당장 죽여라!"

아주 먼 옛날 바빌로니아❷라는 나라에서 한 귀족이 잔뜩 화를 내고 있었어. 귀족의 아들이 노예를 못살게 굴자 노예가 참지 못하고 뺨을 때렸거든. 귀족은 당장이라도 노예를 죽이려 들었지.

"그럴 수 없소! 저 노예는 함무라비왕의 법에 따라 처벌❸해야 하오."

귀족은 화가 났지만 어쩔 도리가 없었어. 아무리 높은 귀족이라도 나라를 다스리는 함무라비왕의 법을 어길 수 없었기 때문이야.

"그렇다면 저 노예는 어떤 벌을 받게 되는가?"

"법에는 노예가 귀족의 뺨을 때리면 그의 귀를 자른다고 되어 있소."

"아니, 고작 귀밖에 못 자른다고?"

귀족은 화를 냈지만, 노예는 그 말에 안도의 한숨을 내쉬었어.

"위대하신 함무라비왕이 만든 법 덕분에 목숨만은 구했구나! 천만다행이야!"

함무라비왕은 주변 나라를 정복해 바빌로니아의 땅을 크게 넓힌 왕이야. 함무라비왕이 다스리던 때, 바빌로니아는 메소포타미아 지역을 다스리는 아주 큰 나라가 됐지. 하지만 나라가 넓어지면서 문제가 하나 생겼어. 바로 도시마다 법이 달라 어떤 기준으로 처벌할지 혼란스러웠거든.

"우리 도시에서는 도둑질을 하면 손을 자른다!"

"무슨 소리? 도둑질을 하면 훔쳐 간 물건을 갚기만 하면 돼!"

또 어떤 도시는 사람들이 법을 잘 알지 못해 법이 없는 거나 마찬가지였어. 그래서 귀족처럼 힘 있는 사람들이 마음대로 재판❹을 하는 일이 많았지.

"그냥 죽여! 어차피 노예들은 법을 모르잖아."

---

❶ 노예(奴종 노, 隷종 예) 남의 소유물이 되어 부림을 당하는 사람. ❷ 귀족(貴귀할 귀, 族겨레 족) 가문이나 신분이 좋아서 특권을 가진 계층. ❸ 처벌(處곳 처, 罰벌줄 벌) 형벌에 처함. 또는 그 벌.

"맞아! 노예들이 우리 귀족들에게 더는 까불지 못하도록 죽이자고!"

함무라비왕은 죄인을 귀족 마음대로 처벌하거나, 작은 죄로 사람을 죽이는 일은 법으로 막아야겠다고 생각했어. 그래서 여러 법들을 꼼꼼히 살피고 정리해 함무라비 ❺ 법전을 만들었지.

"눈에는 눈! 이에는 이! 자기가 저지른 잘못만큼만 벌을 받도록 하라. 그리고 이 법을 널리 알려 온 나라 사람이 따르게 하라!"

함무라비왕은 법을 큰 비석에 ❻ 새겨서 모든 사람이 볼 수 있도록 나라 곳곳에 세웠어.

이제 사람들은 무슨 일이 생기면 함무라비 법전에 따라 법을 지키며 살게 되었지. 함무라비 법전은 바빌로니아 사람들을 하나로 모으고 나라를 안정시키는 데 큰 역할을 했어.

### 역사 사전

**바빌로니아**
메소포타미아 지역을 다스렸던 나라야. 함무라비왕 때 전성기를 맞이했어.

**법**
한 나라에서 모든 국민이 지키기로 약속해 만든 규칙이야. 법은 많은 사람이 모여 살면서 생기는 갈등을 해결하고 사람들의 권리를 지켜 주는 역할을 했어.

---

❹ 재판(裁마를 재. 判판가름할 판) 사건을 법에 따라 판단하는 일. ❺ 법전(法법 법. 典법 전) 나라에서 정한 법을 한데 모아 엮은 것. ❻ 비석(碑돌기둥 비. 石돌 석) 돌로 만든 비. 비는 어떤 일이나 사람을 오래 기억하기 위해 나무나 돌. 금속 등에 글을 새겨 세워 놓은 것을 뜻함.

## 1

중심
내용

**이 글의 중심 내용으로 알맞은 것에 ○표 해 보세요.**

| ① 함무라비왕의 정복 전쟁 | ② 신분 차별이 심했던 바빌로니아 | ③ 함무라비 법전을 만든 함무라비왕 |
|---|---|---|
| ☐ | ☐ | ☐ |

## 2

인물
이해

**이 글의 함무라비에 대한 설명으로 알맞은 것을 골라 보세요. (      )**

① 바빌로니아의 장군이었다.

② 주변 나라와의 전쟁에서 여러 번 패배했다.

③ 여러 법들을 살피고 정리해 함무라비 법전을 만들었다.

④ 죄인을 귀족들이 마음대로 처벌할 수 있도록 해 주었다.

## 3

추론

**이 글의 함무라비가 다음과 같이 말했을 때, 바빌로니아 사람들의 반응으로 알맞지 <u>않은</u> 것을 골라 보세요.                                      (      )**

> 법을 새긴 비석을 광장에 세워 두어라!

① 모두가 따를 수 있는 법이 생겨서 다행이야.

② 함무라비 법전에 따라 법을 지키며 살아야지.

③ 이제 귀족 마음대로 노예를 처벌하는 일이 없겠어!

④ 자신이 만든 법을 자랑하려고 광장에 비석까지 세웠네!

## 4

추론

**이 글을 읽고 노예가 겪게 될 일로 알맞은 것을 골라 보세요. (      )**

① 귀족에게 죽임을 당할 것이다.

② 함무라비 법전에 따라 처벌을 받을 것이다.

③ 귀족의 화가 풀릴 때까지 매를 맞을 것이다.

④ 광장 한가운데에서 바빌로니아 사람들에게 용서를 빌고 풀려날 것이다.

▶ 정답과 풀이 4쪽

## 5

핵심
정리

**빈칸을 채우며 이 글의 내용을 정리해 보세요.**

바빌로니아의 ① ▢▢▢▢ 왕은 도시마다 각각 다른 법을 통일했

다. 그가 만든 ② ▢▢▢▢ ▢▢ 은 바빌로니아 사람들을

하나로 모으고 나라를 안정시키는 데 큰 역할을 했다.

## 어휘 학습

## 6

어휘
복습

**낱말의 알맞은 뜻을 찾아 선으로 이어 보세요.**

(1) 노예 •

(2) 재판 •

(3) 법전 •

• ① 사건을 법에 따라 판단하는 일.

• ② 나라에서 정한 법을 한데 모아 엮은 것.

• ③ 남의 소유물이 되어 부림을 당하는 사람.

## 7

어휘
적용

**빈칸에 들어갈 알맞은 낱말을 보기에서 찾아 문장을 완성해 보세요.**

| 보기 | 귀족 | 처벌 | 비석 |

(1) 아무리 귀하고 높은 ＿＿＿＿＿＿이라 해도 법을 지켜야 한다.
ㄴ 가문이나 신분이 좋아서 특권을 가진 계층.

(2) 도둑질을 했다고 팔을 자르다니, ＿＿＿＿＿＿이 너무 지나칩니다!
ㄴ 형벌에 처함. 또는 그 벌.

(3) 무덤 앞에는 왕의 업적을 새긴 커다란 ＿＿＿＿＿＿이 세워져 있었다.
ㄴ 돌로 만든 비.

# 역사 놀이터

## 핵심어로 보물 상자 찾기!

▶ 정답 17쪽

🔍 길을 따라가며 둘 중 설명에 맞는 핵심어에 〇표 하고, 표시한 핵심어에 그려진 보물 상자의 개수를 모두 더해 보세요.

최초의 인류는 〇〇〇〇에서 살았어.

아프리카 / 아메리카

〇〇〇은 이집트를 가로질러 남북으로 흐르는 강이야.

나일강 / 파라오

이집트의 왕 〇〇〇는 이집트에서 살아있는 신이나 마찬가지였어.

매머드 / 파라오

상나라의 왕은 거북 배딱지나 동물의 어깨뼈인 〇〇로 점을 쳤어.

미라 / 갑골

이집트 사람들은 시신이 썩지 않게 〇〇로 만들어 보존했어.

미라 / 쐐기

바빌로니아의 〇〇〇〇왕은 도시마다 달랐던 법을 하나로 모아 법전으로 정리했어.

피라미드 / 함무라비

찾은 보물 상자는 모두 _____ 개!

알렉산드로스는 세 대륙에 걸친
거대한 제국을 세웠어!
그 비결이 무엇이었는지 알아보자!

2주

**기원전 108년**
고조선 멸망

**기원전 800년 무렵**
그리스에 폴리스가
세워지기 시작함

**기원전 550년**
키루스,
페르시아를 세움

**기원전 490년**
그리스, 마라톤
전투에서 승리함

**기원전 330년**
알렉산드로스,
페르시아를 정복함

| 회차 | 학습 내용 | 교과서 핵심어 | 교과 연계 | 학습 계획일 |
|---|---|---|---|---|
| **06** | **키루스**, 예언대로 왕이 되다 | ★ 키루스 <br> ★ 페르시아 <br> ★ 제국 | 【중학 역사 I】 <br> I. 문명의 발생과 고대 세계의 형성 <br> ③ 고대 제국들의 특성과 주변 세계의 성장 | 월 일 |
| **07** | 고대 그리스 문명을 꽃피운 **아테네** 사람들 | ★ 그리스 <br> ★ 폴리스 <br> ★ 아테네 <br> ★ 민주 정치 | 【중학 역사 I】 <br> I. 문명의 발생과 고대 세계의 형성 <br> ③ 고대 제국들의 특성과 주변 세계의 성장 | 월 일 |
| **08** | 그리스에서 **고대 올림픽**이 열리다 | ★ 올림픽 <br> ★ 그리스 <br> ★ 아테네 <br> ★ 스파르타 | 【중학 역사 I】 <br> I. 문명의 발생과 고대 세계의 형성 <br> ③ 고대 제국들의 특성과 주변 세계의 성장 | 월 일 |
| **09** | 그리스, **마라톤 전투**에서 승리하다 | ★ 페르시아 <br> ★ 페르시아 전쟁 <br> ★ 그리스 <br> ★ 마라톤 전투 | 【중학 역사 I】 <br> I. 문명의 발생과 고대 세계의 형성 <br> ③ 고대 제국들의 특성과 주변 세계의 성장 | 월 일 |
| **10** | **알렉산드로스**, 세계 정복을 꿈꾸다 | ★ 알렉산드로스 <br> ★ 그리스 <br> ★ 알렉산드리아 | 【중학 역사 I】 <br> I. 문명의 발생과 고대 세계의 형성 <br> ③ 고대 제국들의 특성과 주변 세계의 성장 | 월 일 |
| **역사 놀이터** | | **가로세로 핵심어 찾기!** | | |

# 06

# 키루스, 예언대로 왕이 되다

키루스는 어릴 때 예언 때문에 죽을 뻔했대. 키루스는 어떻게 살아남았고 또 어떤 일을 해냈을까?

### 인물 사전

**키루스 2세**
(기원전 585년? ~ 기원전 529년)

오늘날의 이란을 중심으로 서아시아 주변을 정복해 페르시아를 세웠어. 너그러운 마음으로 나라를 잘 다스려서 많은 사랑을 받았지.

---

| 교과서 핵심어 | ★키루스　★페르시아　★제국 |
| --- | --- |

"한낱 소치기의 아들이 제 귀한 아들의 얼굴을 때렸습니다. 벌을 내려 주시옵소서."

먼 옛날, 한 귀족이 왕을 찾아가 부탁했어. 왕은 소치기의 아들을 궁궐로 불러들이라 명령을 내렸지.

잠시 후, 열 살 남짓한 어린 아이가 왕 앞에 모습을 드러냈어.

❶"전하께 인사를 올립니다. 저는 키루스라고 합니다."

왕은 키루스의 얼굴을 보고 깜짝 놀랐어. 자신의 어릴 적 모습과 많이 닮았기 때문이야.

10년 전, 왕은 한 ❷예언을 들었어. 막 태어난 손자가 자신을 내쫓고 더 위대한 왕이 될 거란 예언이었지. 왕은 예언을 막으려고 한 신하에게 손자를 죽이라고 명령을 내렸었어. 그런데 지금 자기 앞에 있는 키루스가 아무리 봐도 자신이 죽이려고 했던 그 손자인 것 같은 거야.

"너는 왜 귀족의 아들을 때렸느냐? 귀족을 때리면 어떻게 되는지 아느냐?"

왕이 겁주듯 말했지만, 키루스는 또랑또랑한 목소리로 대답했지.

"왕 놀이를 하는데 제가 왕이고 그 아이는 제 부하였어요. 왕의 말을 듣지 않길래 벌을 준 거예요."

'아이답지 않게 똑 부러진 답이구나! 이 아이는 내 손자가 맞다.'

왕은 키루스가 자기의 손자가 틀림없다고 생각했어. 그래서 그 신하를 불러 ❸자초지종을 물었지.

"사실은 아이를 죽이지 않고 소치기에게 맡겼습니다. 키루스는 전하의 손자가 맞습니다."

---

❶ 전하(殿큰 집 전, 下아래 하) 옛날에, 왕을 높여 이르거나 부르던 말. ❷ 예언(豫미리 예, 言말씀 언) 앞으로 일어날 일을 미리 알거나 짐작해서 말하는 것. ❸ 자초지종(自스스로 자, 初처음 초, 至이를 지, 終끝 종) 처음부터 끝까지의 과정.

신하는 파랗게 질린 채로 사실을 이야기했어. 하지만 왕은 똑똑하게 성장한 손자를 차마 죽일 수 없었지. 대신 엉뚱한 데 화풀이를 했어.

"감히 나를 속이다니! 너에게 아주 무거운 벌을 내리도록 하겠다!"

왕은 신하에게 무서운 벌을 내렸어. 신하의 아들을 붙잡아 죽인 거야. 신하는 눈물을 흘리며 슬퍼했어.

"죄 없는 내 아들을 죽이다니……! 이 원한❹을 반드시 갚을 것이다!"

화가 난 신하는 예언대로 왕을 내쫓고 키루스를 왕으로 만들기로 했어. 그래서 키루스를 부추겼지.

"키루스, 당신은 왕이 될 예언을 받은 위대한 사람이오. 내가 도와줄 테니 반란을 일으키시오!"

몇 년 뒤, 키루스는 반란❺을 일으켰어. 반란에 성공한 키루스는 예언대로 할아버지를 내쫓고 스스로 왕이 되었지.

"키루스가 나를 내쫓다니! 정말로 예언이 이루어지고 말았구나!"

왕이 된 키루스는 '페르시아'라는 나라를 세웠어. 페르시아는 훗날 세계적인 제국으로 발돋움하여 역사에 길이 이름을 남겼지.

**역사 사전**

**페르시아**
오랜 옛날부터 서아시아 주변을 지배했던 강력한 제국이야. 키루스가 처음 건국한 후 수천 년에 걸쳐 멸망과 부활을 반복했지. 오늘날의 이란이 바로 페르시아의 후예야.

**제국**
(帝임금 제. 國나라 국) 황제가 다스리는 나라. 혹은 또 다른 민족이나 나라를 지배하는 나라를 말해.

---

❹ 원한(怨원망할 원. 恨한할 한) 억울하고 원통한 일을 당하여 응어리진 마음. ❺ 반란(叛배반할 반. 亂어지러울 란) 정부나 지도자에게 반대해 싸움을 일으킴.

**1** 빈칸을 채워 이 글의 중심 내용을 완성해 보세요.

중심
내용

예언대로 왕이 되어 페르시아를 세운 □□□

**2** 인물 카드에서 키루스에 대한 설명으로 알맞은 것을 골라 보세요. (　　　)

인물
이해

▲ 키루스

• 왕의 아들이었다. ·········································· ①
• 반란을 일으켜 페르시아를 세웠다. ················· ②
• 소치기의 아들을 때려서 왕을 만나게 되었다. ······ ③
• 왕을 속인 죄로 신하의 아들을 잡아서 죽였다. ····· ④

**3** 이 글의 왕이 다음과 같이 말한 까닭으로 알맞은 것을 골라 보세요. (　　　)

내용
이해

나의 손자를 아무도 모르게 없애 버려라.

① 손자가 자신의 핏줄이 아니기 때문이다.
② 손자가 태어나자마자 큰 병에 걸렸기 때문이다.
③ 훗날 페르시아를 멸망시킬 것이라는 예언을 들었기 때문이다.
④ 예언대로 장차 자신의 자리를 빼앗고 왕이 될 것을 걱정했기 때문이다.

**4** 이 글을 영화로 만들었어요. 영화에 들어갈 장면으로 알맞지 <u>않은</u> 것을 골라 보세요.

내용
적용

(　　　)

① 어린 시절
소치기의 아들로
자란 키루스

② 귀족의 아들을
때린 키루스

③ 왕위를 물려받은
키루스

④ 페르시아를
세운 키루스

**5** 빈칸을 채우며 이 글의 내용을 정리해 보세요.

핵심
정리

왕의 손자였지만 버려진 키루스는 결국 예언대로 왕이 되어 나라를 세웠다. 이 나라는

① ☐☐☐☐ 라 불리며 훗날 세계적인 ② ☐☐ 이 되었다.

 **어휘 학습**

**6** 낱말의 알맞은 뜻을 찾아 선으로 이어 보세요.

어휘
복습

(1) 예언 •

(2) 원한 •

(3) 반란 •

• ① 정부나 지도자에게 반대해 싸움을 일으킴.

• ② 억울하고 원통한 일을 당하여 응어리진 마음.

• ③ 앞으로 일어날 일을 미리 알거나 짐작해서 말하는 것.

**7** 대화를 읽고 빈칸에 들어갈 알맞은 것을 골라 보세요. (       )

어휘
적용

> 아버지: 어쩌다 이 화분을 깬 건지, 자초지종을 한번 말해 봐라.
>
> 아들: 아버지, 자초지종이 무슨 뜻이에요?
>
> 아버지: _____

① 화분이 깨지는 과정을 시로 써서 이야기하란 뜻이야.

② 화분을 언제 깼는지 정확한 시간을 이야기하란 뜻이야.

③ 화분을 누가 깼는지 수수께끼로 만들어서 이야기하란 뜻이야.

④ 화분을 어쩌다 깬 건지 처음부터 끝까지의 과정을 이야기하란 뜻이야.

# 07 고대 그리스 문명을 꽃피운 아테네 사람들

아테네 사람들은 서로 힘을 합쳐 나라를 다스렸대! 과연 그 모습은 어땠을까?

| **교과서 핵심어** | ★그리스 | ★폴리스 | ★아테네 | ★민주 정치 |

아주 먼 옛날, 그리스는 하나의 나라가 아니었어. 그리스에는 산이 많고, 크고 작은 섬도 수백 개나 돼서 큰 나라가 만들어지기 어려웠지. 그래서 골짜기와 섬마다 '폴리스'라는 작은 도시 국가가 생겨났어.

여러 폴리스들은 하루가 멀다 하고 전쟁을 벌였어. 저마다 다른 폴리스를 공격해 돈과 땅을 빼앗고, 자기 폴리스를 강하게 만들고 싶었던 거야. 전쟁 소식이 들릴 때마다 폴리스들은 한껏 소란스러워졌지.

"전쟁이다! 전쟁! 스파르타가 또 침략해 왔소!"

"어휴, 또야? 다들 어서 준비하세!"

이곳은 그리스에서 가장 큰 폴리스인 아테네야. 전쟁 소식에 아테네의 시민들[1]은 저마다 집으로 뛰어들어가 두꺼운 갑옷과 기다란 창을 가지고 나왔지. 아테네에서는 모든 시민이 곧 나라를 지키는 전사였거든.[2]

"다들 아크로폴리스로 피하세요!"

어린이나 몸이 약해서 싸우기 힘든 사람들은 전쟁이 터지면 도시 가운데에 있는 언덕으로 대피했어. 언덕에는 큰 요새를 지어서 적이 둘러싸도 오래 버틸 수 있었지.[3] 이런 언덕을 아크로폴리스라고 해. 아크로폴리스에는 아테네를 지키는 수호신 아테나의 신전이 자리잡고 있었지.[4] 전쟁터에 나서지 않은 사람들은 모두 신전에 모여서 기도했어.

"아테나 여신이여! 우리 아테네에게 승리를 가져다주세요!"

병사들이 떠난 지 며칠이 지났을까? 마침내 저 멀리서 아테네 병사들의 모습이 보이기 시작했어.

"병사들이 돌아왔다! 아테네가 승리한 거야!"

 역사 사전

**민주 정치**

(民백성 민, 主주인 주) 한 나라에 속한 모든 시민이 나랏일에 참여하는 정치 제도를 뜻해. 고대 아테네에서는 오늘날과 달리 오로지 20세 이상의 성인 남자만 시민으로서 정치에 참여할 수 있었어.

---

[1] 시민(市시장 시, 民백성 민) 나라의 구성원으로 권리와 의무를 가진 사람. [2] 전사(戰싸울 전, 士선비 사) 전투하는 군사. [3] 요새(要중요할 요, 塞변방 새) 군사적으로 중요한 곳에 튼튼하게 만들어 놓은 방어 시설. [4] 수호신(守지킬 수, 護보호할 호, 神귀신 신) 국가, 민족, 개인 등을 지키고 보호하여 주는 신.

아테네 사람들은 아크로폴리스에서 내려와 일제히 환호했어. 병사들은 갑옷을 풀어 두고 넓은 광장으로 하나둘씩 모여들었지.

"이번 전투에서 용감히 싸운 알키비아데스에게 큰 상을 주는 건 어떻겠습니까?"

"무슨 소리! 그 사람은 아직 너무 어려요!"

민주 정치는 아테네의 힘이오!

시민들은 서로 이러쿵저러쿵 이야기를 나누었어. 폴리스의 시민들은 누구나 토론⑤에 참여⑥해 의견을 낼 수 있었어. 목숨 걸고 폴리스를 지키는 시민이라면 누구나 폴리스의 일을 결정할 권리가 있다고 생각했거든. 아테네 사람들은 마치 오늘날처럼 모든 시민이 나랏일에 참여하는 민주 정치⑦를 실시했던 거야.

"자자, 다들 그만하시고 새 연극이나 보러 갑시다!"

누군가 이야기하자, 시민들은 언제 말싸움을 했냐는 듯 앞다투어 원형 극장으로 달려갔어. 연극은 아테네 사람들이 가장 좋아하는 오락거리였거든. 아크로폴리스 언덕 위로 어느덧 둥근 달이 떠오르고 있었어.

**지리 사전**

**아테네**
오늘날 그리스의 수도야. 고대 그리스 문명을 이끈 대표 폴리스였지.

⑤ 토론(討칠 토. 論말할 론) 어떤 문제에 대하여 여러 사람이 각각 의견을 말하며 논의함. ⑥ 참여(參참여할 참. 與더불어) 어떤 일에 끼어들어 함께함. ⑦ 정치(政정사 정. 治다스릴 치) 나라를 다스리는 일.

**1** 이 글을 읽고 알맞은 내용에 선을 그어 중심 문장을 완성해 보세요.

중심
내용

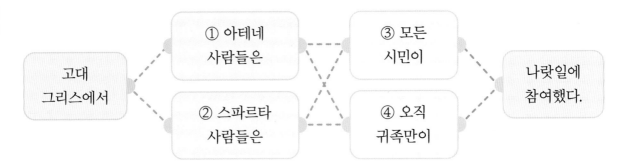

고대
그리스에서

① 아테네
사람들은

② 스파르타
사람들은

③ 모든
시민이

④ 오직
귀족만이

나랏일에
참여했다.

**2** 이 글의 내용과 일치하면 ○표, 일치하지 않으면 X표 해 보세요.

내용
이해

(1) 그리스에는 산과 크고 작은 섬이 많다. ( )

(2) 아테네는 그리스에서 가장 작은 폴리스였다. ( )

(3) 아테네에서는 시민이면 누구나 토론에 참여해 의견을 낼 수 있었다. ( )

**3** 이 글을 영상으로 만들었어요. 영상에 들어갈 장면으로 알맞지 <u>않은</u> 것을 골라 보세요.

내용
적용

( )

① 신전에서 기도하는 사람들

② 강력한 왕의 명령을 받는 사람들

③ 창을 들고 직접 전쟁에 나서는 사람들

④ 원형 극장에서 즐겁게 연극을 관람하는
사람들

**4** 이 글을 읽고 다음 사진에 대한 설명으로 알맞지 <u>않은</u> 것을 골라 보세요. ( )

자료
해석

▲ 아테네의 아크로폴리스

① 아테네에서 멀리 떨어져 있는 높은 산이다.

② 싸우기 힘든 사람들은 직접 전쟁이 나면 이곳으로
대피하였다.

③ 이곳에는 아테네의 수호신인 아테나 여신의 신전이
있었다.

④ 이곳에 큰 요새를 지어서 적들이 둘러싸도 오래
버틸 수 있었다.

**5** 빈칸을 채우며 이 글의 내용을 정리해 보세요.

핵심
정리

고대 그리스에는 수많은 도시 국가 ① ☐☐ 가 세워졌다. 그중 가장

큰 ② ☐☐☐ 에서는 모든 시민들이 참여하여 나라의 중요한 일을 토론

하고 직접 결정하는 ③ ☐☐ ☐☐ 가 발전하였다.

## 어휘 학습

**6** 낱말의 알맞은 뜻을 찾아 선으로 이어 보세요.

어휘
복습

(1) 시민 •

(2) 토론 •

(3) 참여 •

• ① 어떤 일에 끼어들어 함께함.

• ② 나라의 구성원으로 권리와 의무를 가진 사람.

• ③ 어떤 문제에 대하여 여러 사람이 각각 의견을 말하며 논의함.

**7** 빈칸에 들어갈 알맞은 낱말을 보기 에서 찾아 문장을 완성해 보세요.

어휘
적용

보기     전사     요새     수호신     정치

(1) 전쟁의 여신 아테나는 아테네를 지키는 _____이다.
└ 국가, 민족, 개인 등을 지키고 보호하여 주는 신.

(2) 전쟁이 터지자, 용감한 _____들이 무기를 들고 나섰다.
└ 전투하는 군사.

(3) 고대 아테네에서는 시민이라면 누구나 _____에 참여할 수 있었다.
└ 나라를 다스리는 일.

# 08 그리스에서 고대 올림픽이 열리다

그리스가 올림픽의 고향이었구나! 옛날 사람들은 어떻게 올림픽을 치렀을까?

| 교과서 핵심어 | ★올림픽 ★그리스 ★아테네 ★스파르타 |

"우리는 자랑스러운 그리스인이다!"

오늘은 올림픽 경기가 열리는 날이야. 각 폴리스의 선수들은 한데 모여 한 민족임을 선언했어. 걸핏하면 치고받고 싸웠던 폴리스들이 웬 올림픽이냐고?

사실 그리스의 폴리스들 사이에는 몇 가지 공통점이 있었어. 모두가 같은 말을 쓰고, 같은 신을 섬겼다는 거야. 그래서 그리스 사람들은 서로가 한 민족이라는 생각을 가지고 있었지.

"우리는 모두 같은 그리스인입니다. 서로 싸울 때는 싸우더라도, 신께 제사를 지낼 때만큼은 잠시 전쟁을 멈추는 게 어떻겠소?"

그리스 사람들은 4년에 한 번 한데 모여 신께 제사를 올렸어. 그리고 단합을 위한 운동 경기를 치렀지. 이게 바로 올림픽의 시작이었어. 그리스인들은 서로 전쟁을 벌이다가도, 올림픽이 열릴 때만큼은 잠시 전쟁을 멈추었지.

"자자, 이번 올림픽 경기도 정정당당하게 겨룹시다!"

당찬 목소리의 주인공은 아테네 대표 선수 필리포스였어. 필리포스는 이번 올림픽에서 레슬링 경기에 출전하게 되었어. 필리포스는 자신만만한 모습으로 팔짱을 끼고 있었지.

"와! 우리 폴리스 이겨라!"

사람들의 응원 소리와 함께 올림픽이 시작되었어. 경기장 곳곳에서는 다양한 경기가 벌어졌지. 올림픽 종목에는 달리기, 원반던지기, 레슬링, 전차 경주, 창던지기 등이 있었는데, 대부분이 전투에 필요한 신체 능력을 겨루기 위한 종목들이었어. 올림픽은 모든 폴리스가 함께하는 군사 훈련과도 같았지.

드디어 필리포스가 레슬링 경기에 나설 차례가 되었어. 경쟁자인 스파르타 선

---

❶ 민족(民백성 민, 族겨레 족) 일정한 지역에서 오랜 세월 함께 생활하며 역사적으로 형성된 사회 집단. ❷ 단합(團모일 단, 合합할 합) 여럿이 한마음으로 뭉치는 것. ❸ 전투(戰싸울 전, 鬪싸울 투) 두 편의 군대가 조직적으로 무장하여 싸움. ❹ 훈련(訓가르칠 훈, 練익힐 련) 일정한 목표나 기준에 도달할 수 있도록 하는 교육 활동.

수와 붙게 된 필리포스는 주먹을 불끈 쥐며 말했어.

"올림픽 우승은 아테네의 것이니, 눈독<sup>6</sup> 들이지 말게나."

"허허, 힘으로 스파르타를 이길 자가 있다고 생각하는가?"

팽팽한 긴장감 속, 엎치락뒤치락 불꽃 튀는 대결<sup>7</sup>이 펼쳐졌어.

"으아아아!"

엎어뜨리고 메어치고를 반복하던 어느 순간, 필리포스가 스파르타 선수를 번쩍 들어 올려 있는 힘껏 뒤로 넘겨 버렸어. 필리포스의 재빠른 공격에 스파르타 선수는 그만 바닥에 드러눕고 말았지.

"와아! 아테네의 승리다!"

올림픽에서 우승한 필리포스는 올리브 나뭇가지로 만든 월계관을 받았어. 그리고 아테네로 금의환향<sup>8</sup>하여 뜨거운 박수를 받았지. 아테네 시민들은 올림픽에서 우승한 필리포스를 영웅처럼 떠받들었어.

 역사 사전

**올림픽**

4년에 한 번 세계 평화와 단합을 위해 열리는 세계에서 가장 큰 국제 운동 경기야. 고대 올림픽에서 유래했어.

**월계관**

고대 올림픽 우승자에게 주었던 상이야. 월계수 잎을 엮어 만든 머리띠지.

---

⑤ 경쟁자(競겨룰 경. 爭다툴 쟁. 者사람 자) 어떤 목적을 두고 이기거나 앞서려고 서로 다투는 상대. ⑥ 눈독 들이다 욕심을 내어 눈여겨보다. ⑦ 대결(對대답할 대. 決결정할 결) 양쪽이 맞서서 승패를 가림. ⑧ 금의환향(錦비단 금. 衣옷 의. 還돌아올 환. 鄕시골 향) 비단옷을 입고 고향에 돌아온다는 뜻으로, 큰 성공을 거두고 고향에 돌아옴을 이르는 말.

**1** 빈칸을 채워 이 글의 중심 내용을 완성해 보세요.

중심
내용

고대 그리스에서 열린 [　][　][　]

**2** 이 글을 읽고 다음 질문에 대한 대답으로 알맞은 것을 골라 보세요. (　　　)

내용
이해

그리스 사람들은 왜 올림픽을 치렀나요?

① 전쟁을 하기 위해서이다.

② 같은 민족으로서 단합을 위해서이다.

③ 그리스를 다스릴 왕을 맞이하기 위해서이다.

④ 가장 힘이 센 폴리스를 가려내기 위해서이다.

**3** 사진을 보고 대화를 나누었어요. 이 글의 내용과 일치하지 <u>않는</u> 것을 골라 보세요. (　　　)

자료
해석

용선생: 이건 고대 그리스의 토기에 그려진 그림이야. 올림픽에 참가한 선수들이 장거리 달리기를 하는 모습이 그려져 있지.

① 수재: 올림픽에서는 그림 그리기 대회도 열렸을 거야.

② 하다: 올림픽이 열릴 때는 잠시 전쟁을 멈추었을 거야.

③ 선애: 운동 경기를 하기 전에는 신께 제사도 올렸을 거야.

④ 영심: 주로 전투에 필요한 신체 능력을 겨루는 경기가 열렸을 거야.

**4** 이 글을 읽고 다음 인물이 겪게 될 일로 알맞은 것을 골라 보세요. (　　　)

추론

나는 아테네의 필리포스, 이번 올림픽에서 월계관을 받았어!

① 스파르타 사람이 될 것이다.

② 아테네에서 영웅처럼 떠받들 것이다.

③ 아테네 최초의 레슬링 선수가 될 것이다.

④ 다음 올림픽에는 참가할 수 없게 될 것이다.

▶ 정답과 풀이 5쪽

**5** 빈칸을 채우며 이 글의 내용을 정리해 보세요.

핵심
정리

| 고대 올림픽 | |
|---|---|
| 목적 | 고대 ① [ ][ ][ ] 에서는 폴리스들이 4년에 한 번 모여<br><br>신에게 제사를 지내고, 단합을 위한 경기를 치렀다. |
| 올림픽 종목 | 전투에 필요한 신체 능력을 겨루었다. |
| 우승 선물 | 올리브 나뭇가지로 만든 ② [ ][ ][ ] 을 받았다. |

**어휘 학습**

**6** 낱말의 알맞은 뜻을 찾아 선으로 이어 보세요.

어휘
복습

(1) 민족 •

(2) 훈련 •

(3) 대결 •

• ① 양쪽이 맞서서 승패를 가림.

• ② 일정한 목표나 기준에 도달할 수 있도록 하는 교육 활동.

• ③ 일정한 지역에서 오랜 세월 함께 생활하며 역사적으로 형성된 사회 집단.

**7** 대화를 읽고 빈칸에 알맞은 낱말을 써 보세요.

어휘
적용

하다: 외국에 계시던 두기네 삼촌이 크게 성공해서 집으로 돌아왔대.

수재: 그래? 그야말로 [ ][ ][ ][ ] 하셨구나.

하다: 엥? 그게 무슨 말이야?

수재: '비단옷을 입고 고향에 돌아온다'는 뜻이야. 누군가 큰 성공을 거두고 고향에 돌아왔을 때 쓰는 말이지!

# 09

# 그리스, 마라톤 전투에서 승리하다

대제국 페르시아가 그리스에 쳐들어왔어! 그리스는 과연 페르시아를 무찌를 수 있을까?

| 교과서 핵심어 | ★페르시아 ★페르시아 전쟁 ★그리스 ★마라톤 전투 |

"으악! 페르시아가 쳐들어온다!"

거대한 제국 페르시아가 수만 명의 대군[1]을 이끌고 그리스에 쳐들어왔어. 이렇게 시작된 전쟁을 페르시아 전쟁이라고 해.

"계란으로 바위 치기[2]라고요! 페르시아 군사가 너무 많지 않습니까!"

그리스 군사들은 갑작스러운 전쟁 소식에 난리가 났어. 그리스 군사 수는 페르시아 군사에 비하면 새 발의 피[3]였거든.

그런데 이때, 그리스 장군 밀티아데스가 맞서 싸우자며 나섰어.

"싸웁시다! 제가 그리스를 승리로 이끌겠습니다!"

"어떻게 페르시아를 이길 수 있단 말이오? 뾰족한 수라도 있소?"

"페르시아군이 든 칼은 얇고 방패는 아주 작습니다. 튼튼한 갑옷을 입고, 커다란 방패와 긴 창을 든 그리스군이라면 수가 적어도 절대 밀리지 않을 것입니다."

페르시아군을 추격하라!

밀티아데스의 설득 끝에 그리스인들은 전쟁에 나서기로 마음먹었어. 두 나라의 군대는 아테네에서 가까운 '마라톤'에서 만났지.

"침략자를 막아야 한다! 그리스 군사들이여, 죽기 살기로 싸워라!"

그리스군은 밀티아데스의 지휘[4] 아래 한 발 한 발 나아가기 시작했지.

"가소롭기 짝이 없구나[5]! 작은 나라 주제에 우리 페르시아 제국을 상대하려 들다니."

---

❶ 대군(大큰 대, 軍군사 군) 병사의 수가 많은 군대. ❷ 계란으로 바위 치기 맞서 싸워도 도저히 이길 수 없는 경우를 이르는 말. ❸ 새 발의 피 아주 하찮은 일이나 극히 적은 양을 이르는 말. ❹ 지휘(指가리킬 지, 揮휘두를 휘) 목적을 효과적으로 이루기 위하여 단체의 행동을 통솔함.

으으…
그리스 군사들이
이렇게 강했었나.

페르시아군은 그리스군을 향해 활을 쏘았어.

"피슈웅- 피슈웅-."

비 오듯 쏟아지는 화살은 그리스 군사들의 크고 튼튼한 방패에 박혔지.

"창을 들고 앞으로 나아가라!"

그리스 군사들은 밀티아데스의 명령에 따라 다시 전투 준비를 했어. 그러고는 한 줄로 긴 창을 세워 페르시아 군사를 향해 나아갔지.

그리스군의 긴 창은 페르시아군 여러 명을 한 번에 찌르기도 하고, 멀리 있는 적도 손쉽게 꿰뚫었어. 페르시아군이 내려친 칼이 그리스 군사의 튼튼한 갑옷에 와장창 부서지기 일쑤였지. 그리스 군사들은 물 만난 고기처럼 전쟁터를 휩쓸며 페르시아군을 크게 무찔렀어.❻

"우리 페르시아가 그리스에 당하다니! 후퇴하라!"

쓸쓸한 패배의 맛을 본 페르시아는 허겁지겁 뒤꽁무니를 뺐어.❼

"그리스가 승리했다! 이 소식을 어서 아테네에 전하라!"

그리스군 전령은❽ 아테네까지 머나먼 길을 쉬지 않고 단숨에 달려가 승리의 소식을 전했어. 뜻밖의 승리 소식을 전해 들은 그리스는 기쁨에 젖었지.

이 사건이 그리스가 페르시아와의 싸움에서 승리를 거둔 마라톤 전투야. 그리고 아테네까지 먼 길을 단숨에 달려갔던 그리스군 전령을 기념하는 의미에서 오늘날 먼 길을 달려가는 운동 경기 '마라톤'이 만들어졌대.

---

❺ 가소롭다 비웃고 무시할 만하다. ❻ 물 만난 고기 어려운 지경에서 벗어나 크게 활약할 판을 만난 처지를 이르는 말. ❼ 뒤꽁무니를 빼다 달아나거나 도망치다. ❽ 전령(傳전할 전, 令명령할 령) 부대와 부대 사이의 명령이나 문서 전달을 맡은 병사.

**1** 이 글을 읽고 다음 문장에 들어갈 알맞은 말을 골라 ○표 해 보세요.

중심
내용

> 그리스와 페르시아가 치른 마라톤 전투에서 ( 그리스 / 페르시아 )가 승리했다.

**2** 이 글을 읽고 마라톤 전투에 대한 설명으로 알맞은 것을 골라 보세요. (          )

내용
이해

① 밀티아데스는 전쟁 중에 도망갔다.

② 페르시아군은 수만 명이나 되는 대군이었다.

③ 페르시아군과 그리스군은 아테네에서 맞붙었다.

④ 페르시아군 전령은 아테네까지 머나먼 길을 달려갔다.

**3** 이 글을 연극으로 만들었어요. 각 인물의 대사로 알맞지 <u>않은</u> 것을 골라 보세요. (          )

내용
적용

① 밀티아데스 역: 우리는 페르시아군에 맞서 싸울 수 있다!

② 페르시아 군사 역: 긴 창을 든 그리스 군사가 너무 무서워! 도망가자!

③ 그리스 군사 역: 페르시아군이 도망간다! 기쁜 소식을 아테네에 알려라!

④ 그리스 시민 역: 그리스 군사 수가 훨씬 많으니, 우리는 걱정할 필요가 없어!

**4** 그림을 보고 대화를 나누었어요. 이 글의 내용과 일치하지 <u>않는</u> 것을 골라 보세요. (          )

자료
해석

▲ 마라톤 전투의 그리스군 전령

① 하다: 이 사람은 아테네로 가는 중이야.

② 두기: 가는 길에 여러 번 쉬어서 오랜 시간이 걸렸어.

③ 수재: 이 전령의 이야기를 기념하는 의미에서 마라톤 경기가 만들어졌어.

④ 영심: 그리스가 마라톤 전투에서 승리했다는 소식을 전하려고 하는 거야.

**5** 빈칸을 채우며 이 글의 내용을 정리해 보세요.

핵심
정리

페르시아가 그리스를 공격하며 ① ⬚⬚⬚⬚ ⬚⬚

이 시작되었다. 그리스군은 페르시아군에 비해 수가 훨씬 적었지만, 용감히 싸운 덕분에

② ⬚⬚⬚ 전투에서 크게 승리하였다.

## 어휘 학습

**6** 낱말의 알맞은 뜻을 찾아 선으로 이어 보세요.

어휘
복습

(1) 대군 •

(2) 지휘 •

(3) 가소롭다 •

• ① 비웃고 무시할 만하다.

• ② 병사의 수가 많은 군대.

• ③ 목적을 효과적으로 이루기 위하여 단체의 행동을 통솔함.

**7** 보기 에서 알맞은 말을 찾아 밑줄 친 말을 바꾸어 써 보세요.

어휘
적용

보기    계란으로 바위 치기    새 발의 피    물 만난 고기    뒤꽁무니를 빼다

(1) 맞서 싸워도 도저히 이길 수 없으니 그만 항복합시다.

➡ ( )이니 그만 항복합시다.

(2) 내가 먹은 양은 친구가 먹은 양에 비하면 극히 적다.

➡ 내가 먹은 양은 친구가 먹은 양에 비하면 ( )다.

# 10

# 알렉산드로스, 세계 정복을 꿈꾸다

알렉산드로스가 세웠던 도시는 어떤 곳이었을까? 과연 세계 정복에 성공했을까?

**인물 사전**

**알렉산드로스 3세**
(기원전 356년 ~ 기원전 323년)
고대 마케도니아 왕국의 왕이야. 왕위에 오른 지 10년 만에 유럽부터 아프리카, 아시아에 이르는 대제국을 세웠어.

| 교과서 핵심어 | ★알렉산드로스 ★그리스 ★알렉산드리아 |

그리스 북쪽에 마케도니아라는 작은 나라가 있었어. 마케도니아의 왕 알렉산드로스❶는 젊지만 용감하고 패기로 가득 찬 사람이었지. 이런 알렉산드로스에게 오랜 꿈 하나가 있었어. 바로 세계를 정복❷하는 것이었지.

"오늘부터 세계 정복에 나서겠다. 나를 따르라!"

기원전 334년, 착실히 병력❸을 기른 알렉산드로스는 마침내 세계 정복에 나섰어. 첫 번째 목표는 바로 이웃에 있는 세계 최강의 나라, 페르시아였지.

페르시아의 왕은 알렉산드로스가 쳐들어온다는 소식에 코웃음을 쳤어.

"조그만 나라 주제에 건방지구나. 군사들을 모아라! 페르시아의 힘을 보여주겠다."

페르시아의 군대는 알렉산드로스의 군대보다 몇 배는 더 많았어.

"전하, 적군의 수가 너무 많습니다. 정면으로 부딪치면 이길 방법이 없습니다!"

알렉산드로스는 많은 적군과 맞서는 대신, 날쌘 병사들을 이끌고 페르시아 왕이 있는 곳으로 곧장 뚫고 들어가기로 했어.

"오늘이야말로 마케도니아의 힘을 보여줄 때다! 공격하라!"

알렉산드로스의 명령에 긴 창을 든 병사들이 페르시아군을 밀어내기 시작했어. 빈틈이 보이자, 알렉산드로스는 가장 앞에 서서 곧장 페르시아 왕을 향해 돌진했지. 페르시아군은 거세게 밀고 들어오는 마케도니아군의 말발굽에 속절없이❹ 짓밟혔어.

"내가 상대를 너무 만만히 보았구나! 모든 군대는 퇴각❺하라!"

페르시아의 왕은 황급히 전쟁터를 빠져나갔어. 마케도니아군은 승리에 환호했지.

---

❶ 패기(霸으뜸 패, 氣기운 기) 어떤 어려운 일이라도 해내려는 굳센 정신. ❷ 정복(征칠 정, 服옷 복) 군대를 일으켜 다른 나라나 민족을 무찌르고 지배함. ❸ 병력(兵군사 병, 力힘 력) 군대에 속한 군인의 수. 또는 그로부터 나오는 군대의 힘. ❹ 속절없다 어떻게 할 방법이 없다. ❺ 퇴각(退물러날 퇴, 却물리칠 각) 뒤로 물러감.

알렉산드로스는 몇 년 동안 페르시아를 거세게 몰아붙여 멸망시켰어. 하지만, 알렉산드로스는 여기서 만족하지 않고 인도로 향했어. 그리스 사람들은 인도가 세상의 끝이라 믿었기 때문에, 인도를 차지하면 전 세계를 정복하는 것이라고 생각했거든.

"인도를 정복해 세계 정복의 꿈을 이루겠다!"

하지만 알렉산드로스는 꿈을 이루지 못했어. 인도를 정복하지 못한 데다가 돌아오는 길에 그만 병으로 목숨을 잃었지.

알렉산드로스는 비록 세계를 정복하지는 못했지만, 유럽부터 아프리카, 아시아에 이르는 큰 제국을 세웠어. 알렉산드로스는 자신이 정복한 땅 곳곳에 '알렉산드리아'라는 도시를 세우고, 그리스 사람들을 옮겨와 살게 했어. 그러자 얼마 지나지 않아 알렉산드리아를 중심으로 그리스어와 그리스 문화가 널리 퍼져 나갔지. 알렉산드로스 덕분에 곳곳에 전해진 그리스 문화는 세계 문화에 큰 영향을 미쳤어.

 **역사 사전**

**알렉산드리아**

알렉산드로스 대왕이 자신의 이름을 따서 세계 곳곳에 세웠던 도시야. 지금은 대부분이 사라지거나 다른 이름으로 불리지만, 이집트의 알렉산드리아는 여전히 이집트에서 두 번째로 큰 도시로 남아 있어.

❻ 멸망(滅멸할 멸. 亡망할 망) 망하여 없어짐. ❼ 영향(影그림자 영. 響울릴 향) 어떤 것의 효과나 작용이 다른 것에 미치는 것.

**1** 이 글의 중심 내용으로 알맞은 것에 ○표 해 보세요.

중심
내용

① 세계 정복에 나선
알렉산드로스

② 마케도니아의 왕이
된 알렉산드로스

③ 알렉산드로스의
마케도니아 정복 전쟁

**2** 이 글의 알렉산드로스에 대한 설명으로 알맞지 <u>않은</u> 것을 골라 보세요. (          )

인물
이해

① 인도를 차지해 세계 정복의 꿈을 이루었다.

② 그리스 북쪽에 위치한 마케도니아의 왕이다.

③ 유럽, 아프리카, 아시아에 이르는 대제국을 세웠다.

④ 정복한 땅에 '알렉산드리아'라는 도시를 세워 그리스 문화를 퍼뜨렸다.

**3** 이 글을 읽고 알렉산드로스가 다음과 같이 말한 까닭으로 알맞은 것을 골라 보세요.

내용
이해

(          )

> 인도를 정복해 세계 정복의 꿈을 이루겠다!

① 인도가 세상의 끝이라고 믿었기 때문이다.

② 인도가 전 세계를 다스리고 있었기 때문이다.

③ 인도가 세계에서 가장 강한 나라였기 때문이다.

④ 인도를 제외한 다른 나라를 모두 정복하지 못했기 때문이다.

**4** 이 글을 읽고 빈칸에 들어갈 말로 알맞은 것을 골라 보세요. (          )

자료
해석

> 이것은 알렉산드로스가 큰 제국을 세운 이후, 인도 북부의 간다라
> 지방에서 만들어진 불상입니다. 꼭 그리스의 조각처럼 부처의 모습을
> 아주 섬세하게 표현한 것이 특징이죠. 인도에서 이런 불상이 만들어
> 진 이유는 _____

① 부처님이 그리스 사람이기 때문입니다.

② 알렉산드로스가 불교를 믿었기 때문입니다.

③ 인도 사람들이 그리스인의 후손이기 때문입니다.

④ 그리스의 문화가 널리 퍼져 나가 인도에도 영향을 미쳤기 때문입니다.

**5** 빈칸을 채우며 이 글의 내용을 정리해 보세요.

핵심
정리

마케도니아의 왕 ①  | | | | | | 는 세계 정복에 나서

페르시아를 멸망시켰다.

⬇

그는 인도 정복에 실패하고 돌아오는 길에 목숨을 잃었다.

⬇

하지만 그는 정복한 땅 곳곳에 ②  | | | | | | 라는 도시

를 세웠고, 덕분에 그리스의 언어와 문화가 널리 퍼져 나갔다.

## 어휘 학습

**6** 낱말의 알맞은 뜻을 찾아 선으로 이어 보세요.

어휘
복습

(1) 정복 •

(2) 병력 •

(3) 속절없다 •

• ① 어떻게 할 방법이 없다.

• ② 군대를 일으켜 다른 나라나 민족을 무찌르고 지배함.

• ③ 군대에 속한 군인의 수. 또는 그로부터 나오는 군대의 힘.

**7** 보기 에서 알맞은 낱말을 찾아 밑줄 친 말을 바꾸어 써 보세요.

어휘
적용

| 보기 | 패기 | 퇴각 | 멸망 | 영향 |

(1) 그 나라는 이미 다른 나라에게 망하여 없어졌다.

➡ 그 나라는 이미 다른 나라에게 (            )했다.

(2) 올림픽에서 우리나라 선수들은 어떤 어려운 일이라도 해내려는 굳센 정신이 넘쳤다.

➡ 올림픽에서 우리나라 선수들은 (            )가 넘쳤다.

# 역사 놀이터

▶ 정답 17쪽

## 가로세로 핵심어 찾기!

🔍 가로세로 열쇠 힌트를 읽고, 알맞은 핵심어를 넣어 가로세로 역사 퍼즐을 완성해 보세요.

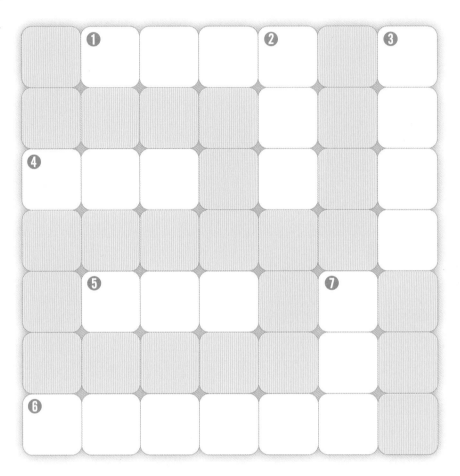

 **가로 열쇠**

❶ 키루스가 세운 나라야. ○○○○는 훗날 세계를 호령하는 대제국으로 발돋움했어.

❹ 그리스는 ○○○ 전투에서 페르시아를 크게 무찔렀어.

❺ 고대 그리스 사람들은 4년마다 ○○○을 열어 여러 운동 종목을 겨루었어.

❻ 마케도니아의 왕 ○○○○○○는 페르시아를 멸망시키고 세 대륙에 걸쳐 드넓은 대제국을 건설했어.

 **세로 열쇠**

❷ ○○○는 고대 그리스의 대표적인 폴리스야. 아테나 여신을 수호신으로 섬겼어.

❸ 아테네에서는 시민들이 정치에 참여하는 ○○ ○○가 발전했어.

❼ 고대 그리스의 도시 국가를 일컫는 말이야. 여러 ○○○는 하루가 멀다 하고 전쟁을 벌였어.

불교를 만든 사람은 싯다르타야.
싯다르타는 원래 왕자였다는데,
왜 불교를 만들게 됐는지 알아볼까?

# 3주

**기원전 108년**
고조선 멸망

**기원전 770년**
춘추 전국
시대 시작

**기원전 560년**
무렵
싯다르타 탄생

**기원전 551년**
공자 탄생

**기원전 473년**
구천, 오나라를
멸망시킴

**기원전 260년**
무렵
아소카왕, 불교를
받아들임

| 회차 | 학습 내용 | 교과서 핵심어 | 교과 연계 | 학습 계획일 |
|---|---|---|---|---|
| 11 | **싯다르타**, 불교를 만들다 | ★ 싯다르타 ★ 인도 ★ 부처 ★ 불교 | 【중학 역사 I】 II. 세계 종교의 확산과 지역 문화의 형성 ① 불교 및 힌두교 문화의 형성과 확산 | 월 일 |
| 12 | 불교의 가르침대로 인도를 다스린 **아소카왕** | ★ 아소카왕 ★ 인도 ★ 불교 | 【중학 역사 I】 II. 세계 종교의 확산과 지역 문화의 형성 ① 불교 및 힌두교 문화의 형성과 확산 | 월 일 |
| 13 | **관중**과 **포숙아**, 깊은 우정을 나누다 | ★ 중국 ★ 춘추 전국 시대 ★ 관포지교 | 【중학 역사 I】 I. 문명의 발생과 고대 세계의 형성 ③ 고대 제국들의 특성과 주변 세계의 성장 | 월 일 |
| 14 | **부차**와 **구천**, 서로 복수를 다짐하다 | ★ 중국 ★ 춘추 전국 시대 ★ 와신상담 | 【중학 역사 I】 I. 문명의 발생과 고대 세계의 형성 ③ 고대 제국들의 특성과 주변 세계의 성장 | 월 일 |
| 15 | **공자**, 제자에게 인을 가르치다 | ★ 공자 ★ 춘추 전국 시대 ★ 인(仁) ★ 유교 | 【중학 역사 I】 I. 문명의 발생과 고대 세계의 형성 ③ 고대 제국들의 특성과 주변 세계의 성장 | 월 일 |

**역사 놀이터**

**핵심어로 사다리 타기!**

# 11

# 싯다르타, 불교를 만들다

불교를 만든 사람이 싯다르타였구나! 불교는 어떤 가르침을 전하는 종교일까?

**고타마 싯다르타**
(기원전 560년 ~ 기원전 480년)

불교를 만든 사람이야. 오랫동안 수행하다가 모든 괴로움에서 벗어나기 위한 깨달음을 얻었어. 석가모니 부처라고도 불러.

**불교**

크리스트교, 이슬람교와 함께 세계 3대 종교 중 하나야. 부처님의 가르침을 따르는 종교지. 모든 사람이 평등하고 다른 사람에게 자비를 베풀 것을 강조했어.

---

| 교과서 핵심어 | ★싯다르타 ★인도 ★부처 ★불교 |

옛날 인도의 한 작은 나라에 싯다르타라는 왕자가 있었어. 왕자는 화려한 궁전에서 부족함을 전혀 모르고 자랐지. 훌륭한 스승에게 가르침을 받아서 눈은 초롱초롱하고 몸가짐은 늘 반듯했어. 백성들은 싯다르타를 보고 이렇게 이야기했지.

"왕자님은 분명히 좋은 임금님이 되실 거야!"

싯다르타의 아버지는 아들을 너무나 아껴서 궁전 밖으로 나가지 못하게 했어. 싯다르타 곁에는 늘 젊고 건강한 사람들만 있도록 했지. 세상의 아름다운 모습만 보며 자라기를 바랐던 거야. 그래서 싯다르타는 열두 살이 될 때까지 한 번도 궁전 바깥 구경을 해 보지 못했어.

"아버지, 세상을 구경하고 싶어요!"

싯다르타의 아버지는 마지못해 외출을 허락했어. 그런데 궁전 밖으로 나선 싯다르타는 궁전에서는 한 번도 보지 못한 모습을 보게 되었어. 얼굴에 주름이 가득하고 머리는 하얗게 센 노인이 있었던 거야. 노인은 괴로워하면서 나무 밑에 누워 있었어. 싯다르타가 신하에게 물었어.

"저 사람은 왜 저렇게 괴로워하고 있나요?"

"왕자님, 저 사람은 늙고 병들어서 죽어가는 사람입니다. 사람들은 누구나 늙고 병들어 괴로워하다가 결국에는 죽는답니다."

싯다르타는 크게 놀랐어. 지금껏 늙고 병들어 죽는 사람을 본 적이 없었기 때문이지.

'인간은 누구나 생로병사❶의 괴로움을 겪는구나. 인간의 삶은 참 덧없다❷. 나는 앞으로 어떻게 살아야 할까?'

---

❶ 생로병사(生날 생, 老늙을 로, 病병들 병, 死죽을 사) 사람이 나고 늙고 병들고 죽는 네 가지 고통. ❷ 덧없다 보람이나 쓸모가 없어 헛되고 허무하다. ❸ 누더기 누덕누덕 기운 헌 옷. ❹ 수행(修닦을 수, 行다닐 행) 몸과 마음을 바르게 갈고 닦음.

싯다르타의 머릿속에서는 이런 생각이 떠나지 않았어.

그러던 어느 날, 싯다르타는 누더기를 걸친 한 사람을 만났어. 그 사람은 아주 행복한 표정을 짓고 있었지. 싯다르타는 이런 생각이 들었어.

'저 사람은 왜 저리도 행복해 보일까?'

싯다르타는 신하에게 물었어.

"저 자는 누구인가?"

"저 사람은 집을 떠나 깨달음을 얻기 위해 수행하는 사람입니다."

모든 괴로움은 사람의 욕심에서 생기는 것이로다.

싯다르타는 수행자처럼 모든 것을 버리고 수행을 하면 괴로움에서 벗어날 방법을 알아낼 수 있을 거라고 생각했어. 그래서 궁전을 떠나 수행자가 되었지. 싯다르타는 아무도 없는 숲속에 홀로 앉아서 몇 년째 곰곰이 생각을 거듭했어. 그러다 문득 깨달음을 얻었지.

"사람들이 괴로운 것은 짧은 인생을 살면서 바라는 것이 너무 많기 때문이야. 욕심을 버리고 자기 마음을 다스릴 수 있다면 모든 괴로움에서 벗어날 수 있어."

싯다르타는 사람들을 만나 자신이 깨달은 걸 가르쳤어. 많은 사람들이 싯다르타의 말에 귀를 기울이며 그를 '부처'라고 불렀지. 옛 인도 말로 '부처'는 '깨달은 사람'이라는 뜻이거든. 싯다르타 부처님이 만든 종교가 바로 불교야.

 지리 사전

**인도**

남부 아시아에 위치한 나라야. 인구가 세계에서 두 번째로 많은 나라기도 하지.

---

❺ 인생(人사람 인. 生날 생) 사람이 세상을 살아가는 일. ❻ 종교(宗마루 종. 敎가르칠 교) 신을 믿고 섬기면서 마음의 평화와 행복을 얻으려는 일. 또는 믿음의 체계나 가르침.

**1** 빈칸을 채워 이 글의 중심 내용을 완성해 보세요.

중심
내용

수행 끝에 깨달음을 얻고 ☐☐ 를 만든 싯다르타

**2** 인물 카드에서 싯다르타에 대한 설명으로 알맞지 <u>않은</u> 것을 골라 보세요. (      )

인물
이해

▲ 싯다르타

① 불교를 만들었다.
② 부처라고도 불린다.
③ 인도를 다스렸던 왕이다.
④ 욕심 없는 삶을 강조했다.

**3** 이 글의 내용을 <u>잘못</u> 이해한 사람을 골라 보세요. (      )

내용
이해

① 하다: 부처는 옛 인도 말로 깨달은 사람을 뜻해.
② 수재: 불교는 욕심을 버리라고 가르치는 종교야.
③ 영심: 백성들은 몸가짐이 반듯한 싯다르타를 칭찬했어.
④ 선애: 싯다르타는 여러 학자와 연구한 끝에 불교를 만들었어.

**4** 이 글의 싯다르타가 쓴 일기예요. 이 글의 내용과 일치하지 <u>않는</u> 것을 골라 보세요.

내용
적용

(      )

**괴로움에서 벗어나기 위한 방법**

날짜: ○○년 ○○월 ○○일     날씨: 흐림

① 나는 얼마 전 난생처음으로 궁전 밖을 구경했다. 길을 걷다 나무 아래에서 병들어 죽어가는 노인을 보았다. ② 생로병사의 고통을 겪는 노인을 보니 인생이 덧없다는 생각이 들었다. ③ 사람이 죽지 않고 영원히 살려면 어떻게 해야 할까? 답이 쉽게 떠오르지 않았다. 그러다 오늘 집을 떠나 수행하는 사람을 만났다. 나도 수행자처럼 ④ 모든 것을 버리고 수행하면 괴로움에서 벗어날 수 있는 방법을 알아낼 수 있을 것 같다.

**5** 빈칸을 채우며 이 글의 내용을 정리해 보세요.

핵심
정리

인도의 작은 왕국의 왕자였던 ① ☐☐☐ 는 인생의 고통에 대

해 고민하다가 궁전을 떠나 수행하여 깨달음을 얻었다. 그 후 그는 욕심을 버리고 자기

마음을 다스려야 한다는 가르침을 전했고, 불교를 만들었다. 사람들은 그를 '깨달은 사

람'이란 의미의 ② ☐☐ 라고 불렀다.

## 어휘 학습

**6** 낱말의 알맞은 뜻을 찾아 선으로 이어 보세요.

어휘
복습

(1) 종교 •

(2) 덧없다 •

(3) 생로병사 •

• ① 보람이나 쓸모가 없어 헛되고 허무하다.

• ② 사람이 나고 늙고 병들고 죽는 네 가지 고통.

• ③ 신을 믿고 섬기면서 마음의 평화와 행복을 얻으려는 일. 또는 믿음의 체계나 가르침.

**7** 밑줄 친 낱말의 알맞은 뜻을 골라 번호를 써 보세요.

어휘
적용

| 수행 | ① (修닦을 수 行다닐 행) 몸과 마음을 바르게 갈고닦음.<br>예 불교는 누구나 열심히 **수행**하면 부처가 될 수 있다고 가르친다.<br>② (遂이룰 수 行다닐 행) 생각하거나 계획한 대로 일을 해냄.<br>예 영심이는 학급 회장으로서 주어진 역할을 잘 **수행**했다. |
|---|---|

(1) 군사들이 적군 몰래 작전을 <u>수행</u>하는 데 성공했다. ( )

(2) 스님은 오랜 세월을 <u>수행</u>한 끝에 큰 깨달음을 얻었다. ( )

# 12 불교의 가르침대로 인도를 다스린 아소카왕

아소카왕은 왜 불교로
인도를 다스렸을까?

## 인물 사전

**아소카**
(기원전 304년 ~ 기원전 232년)
옛 인도의 왕이야. 인도 대부분의 영토를 차지하고, 불교의 가르침에 따라 나라를 다스렸어. 인도에서는 우리나라 세종 대왕만큼이나 존경받지.

| 교과서 핵심어 | ★ 아소카왕    ★ 인도    ★ 불교 |

먼 옛날 인도의 아소카왕은 전쟁을 아주 좋아했어. 왕이 된 후 꼬박 10년 동안 전쟁을 벌이며 영토를 넓히는 데 골몰했지.

"내가 앞장서겠다! 적군은 한 명도 살려두지 마라!"

아소카왕은 적군이 자신을 가로막기라도 하면 거침없이 목숨을 빼앗았어. 그래서 아소카왕이 지나간 곳은 언제나 적군의 시체로 가득했지.

어느 날, 아소카왕은 수십만 대군을 맞아 힘들게 싸움을 벌여 승리를 거뒀어. 이 승리로 인도의 거의 모든 땅을 자신의 것으로 만들었지.

"나갈 준비를 하여라. 내가 정복한 땅을 직접 둘러볼 것이다."

아소카왕은 승리에 취해 자신이 정복한 인도 곳곳을 둘러봤어. 하지만 눈앞에는 아주 끔찍한 풍경이 펼쳐졌어.

"엄마, 엄마! 나만 두고 죽지 마!"

"아이고, 아들아! 얼른 눈을 떠 보렴!"

아수라장이 된 들판에는 시체가 산더미처럼 쌓여 있었어. 푸른 물이 넘실대던 강은 사람들이 흘린 피로 새빨갛게 물들어 있었고, 주변은 가족을 잃은 사람들의 울음소리로 가득했지.

'다 내 탓이야. 전쟁 때문에 이렇게 많은 사람이 목숨을 잃었어.'

아소카왕은 엄청난 충격을 받았어. 그리고 전쟁에만 매달렸던 자신의 지난날을 참회했지.

'나는 대체 무엇을 위해 사람을 죽여 왔는가? 더는 사람의 목숨을 빼앗고 싶지 않구나.'

아소카왕은 한참을 괴로워했어. 그때 한 스님이 나타났어.

---

❶ 골몰(汨다스릴 골. 沒잠길 몰) 한 가지 일에만 집중함. ❷ 아수라장 큰 혼란에 빠져 엉망이 된 곳. 또는 그런 상태. ❸ 참회(懺뉘우칠 참. 悔뉘우칠 회) 자신의 잘못에 대하여 깨닫고 깊이 뉘우침.

"불교의 가르침을 따르십시오. 살아 있는 것은 그 무엇도 해쳐서는 안 됩니다. 생명을 소중히 여기고 자비를④ 베푸십시오."

아소카왕은 불교의 가르침대로 나라를 자비롭게 다스리기로 결심했어.

"나 아소카는 앞으로 살생을⑤ 금하며, 전쟁을 벌이지 않을 것이오. 갈 곳을 잃은 사람에게는 집을 지어 주고, 가난한 자에게는 기꺼이 재물을⑥ 나누어 줄 것이오. 부처님의 말씀을 널리 알릴 것이오."

내가 전쟁을 벌인 탓에 너무 많은 사람이 죽었구나….

아소카왕은 백성들이 자신처럼 불교의 가르침을 따르길 바랐어. 백성들도 생명을 소중히 여기고 자비를 베풀면 평화가 찾아올 거라 믿었지. 그래서 인도 곳곳에 부처님의 가르침을 새긴 돌기둥을 세우고, 스님들을 보내 불교를 널리 알렸어. 그러자 백성들도 불교의 가르침에 따라 살기 시작했지.

"아소카왕 덕분에 나라가 아주 평화로워졌어."

사람들은 입을 모아 아소카왕을 칭송했어.⑦

---

④ 자비(慈사랑할 자. 悲슬플 비) 남을 가엾게 여기는 것. ⑤ 살생(殺죽일 살. 生날 생) 사람이나 짐승 등의 생물을 죽임.
⑥ 재물(財재물 재. 物만물 물) 돈이나 그 밖의 값이 나가는 모든 물건. ⑦ 칭송(稱일컬을 칭. 頌기릴 송) 훌륭한 일이나 잘한 일을 칭찬하며 높이 떠받드는 것.

**1** 이 글의 중심 내용으로 알맞은 것을 골라 보세요. (        )

중심
내용

① 전쟁을 좋아했던 아소카왕          ② 사람을 많이 죽인 아소카왕

③ 불교로 나라를 다스린 아소카왕       ④ 아소카왕을 미워한 인도 사람들

**2** 이 글의 아소카왕에 대한 내용과 일치하면 ○표, 일치하지 않으면 X표 해 보세요.

인물
이해

(1) 불교를 만든 인도의 왕이다.                                        (        )

(2) 10년 동안 전쟁을 치르며 나라의 땅을 크게 넓혔다.                    (        )

(3) 인도 곳곳에 부처님의 가르침을 새긴 돌기둥을 세웠다.                 (        )

(4) 백성들에게 생명을 소중히 여기고 자비를 베풀 것을 가르쳤다.          (        )

**3** 이 글을 읽고 다음 질문에 대한 아소카왕의 대답으로 알맞지 <u>않은</u> 것을 골라 보세요.

내용
이해
                                                                    (        )

> 불교로 인도를 다스린 뒤, 어떤 것이 달라졌나요?

① 저는 작은 생물의 생명도 소중히 여겼습니다.

② 많은 인도 사람들이 불교를 믿기 시작했습니다.

③ 저는 남은 생을 가난한 사람들을 도우며 살았습니다.

④ 저는 더 넓은 영토를 차지하기 위해 전쟁을 벌였습니다.

**4** 이 글을 읽고 빈칸에 공통으로 들어갈 낱말을 써 보세요.

자료
해석

이것은 아소카왕이 ◯◯를 퍼뜨리기 위해 인도 곳곳에 세운 돌기둥입니다. 돌기둥 꼭대기에는 왕을 뜻하는 네 마리의 사자가 있고, 그 아래에는 부처님의 말씀을 뜻하는 수레바퀴가 새겨져 있어요. 그래서 사자와 수레바퀴를 합치면 ◯◯를 퍼뜨리고 있는 임금인 아소카왕이 되지요.

**5** 빈칸을 채우며 이 글의 내용을 정리해 보세요.

핵심
정리

먼 옛날 ① ▢▢▢ 왕은 전쟁에서 많은 사람을 죽인 것을 후회했다. 자신

의 잘못을 반성한 왕은 부처님의 가르침대로 나라를 평화롭게 다스리기로 결심했다. 그래

서 그는 자신이 다스리는 나라인 ② ▢▢ 곳곳에 불교를 퍼뜨렸다.

## 어휘 학습

**6** 낱말의 알맞은 뜻을 찾아 선으로 이어 보세요.

어휘
복습

(1) 참회 •

(2) 자비 •

(3) 살생 •

• ① 남을 가엾게 여기는 것.

• ② 사람이나 짐승 등의 생물을 죽임.

• ③ 자신의 잘못에 대하여 깨닫고 깊이 뉘우침.

**7** 보기 에서 알맞은 낱말을 찾아 밑줄 친 말을 바꾸어 써 보세요.

어휘
적용

보기    골몰    아수라장    재물    칭송

(1) 화재로 비행기 안은 순식간에 큰 혼란에 빠져 엉망이 되었다.

➡ 화재로 비행기 안은 순식간에 (            )이 되었다.

(2) 사람들은 이번 경기에서 우승을 거둔 선수를 세계 제일이라고 칭찬하며 높이 떠받들었다.

➡ 사람들은 이번 경기에서 우승을 거둔 선수를 세계 제일이라며 (            )했다.

# 13

# 관중과 포숙아, 깊은 우정을 나누다

관중과 포숙아의 이야기에서 탄생한 고사성어, 관포지교는 무슨 뜻일까?

**인물 사전**

**관중**
(기원전 725년? ~ 기원전 645년)

옛날 중국 제나라의 재상이야. 정치를 잘해서 제나라 사람이라면 누구나 관중을 존경했어. 특히 군사력을 길러 제나라를 강한 나라로 만들었지.

| 교과서 핵심어 | ★중국　★춘추 전국 시대　★관포지교 |

옛날 중국 춘추 전국 시대 때 있었던 일이야. 제나라에 관중과 포숙아라는 둘도 없는 친구가 있었어. 하지만 두 사람은 처지가 몹시 달랐어. 관중은 가난뱅이였지만, 포숙아는 이름난 귀족 출신인데다 몹시 부유했거든.❶

"왜 저런 가난뱅이와 어울리는 것이오?"

"관중은 언젠가는 큰일을 해낼 사람이오. 가난하다고 무시하지 마시오."

사람들은 관중과 어울리는 포숙아를 이해하지 못했어.

그러던 어느 날, 관중과 포숙아는 함께 장사를 하기로 했어. 장사로 번 돈은 둘이 나누어 갖기로 했지. 그런데 관중은 돈을 나눌 때마다 포숙아 몰래 자기 몫을 더 챙겨 갔어. 이를 알게 된 사람들이 포숙아에게 말했지.

"이건 도둑질이나 다름없습니다! 벌을 받게 해야 합니다!"

그 말을 들은 포숙아는 조용히 고개를 내저으며 말했어.

"관중은 저보다 가난합니다. 게다가 집안을 책임져야 합니다. 그러니 더 많은 몫을 가지는 것이 마땅하지요."

모든 사람들이 관중이 욕심이 많다며 손가락질했지만, 포숙아는 관중을 감쌌지.

"장사해도 돈이 모이지 않는군. 먹고살려면 관리가 되는 수밖에 없겠어."❷

관중은 장사를 그만두고 벼슬길에 나섰어.❸ 하지만 높은 자리에 오르긴커녕 번번이 쫓겨나곤 했지. 사람들은 별 재주도 없는 관중이 괜히 설친다며 놀려댔어. 오직 포숙아만이 관중을 달래며 사람들에게 이렇게 말했지.

"관중이 벼슬길에 못 오르는 건 운이 좋지 않아서요. 언젠가 운이 트이면 높은 자리에 오를 거요."

---

❶ 부유(富부유할 부, 裕넉넉할 유) 재물이 많고 살림이 넉넉함. ❷ 관리(官벼슬 관, 吏벼슬아치 리) 관직에 있는 사람. ❸ 벼슬길 나랏일을 하는 관리가 되는 길.

그러던 어느 날, 전쟁이 일어났어. 관중과 포숙아도 병사가 되어 전쟁에 끌려 갔지. 그런데 관중은 전쟁터에서 용감히 나서기는커녕, 도망치기 바빴어.

"관중은 겁쟁이야. 싸울 때마다 제일 먼저 꽁지 빠지게❹ 도망간다니까."

많은 사람들이 전쟁터에서 도망치는 관중을 욕했어. 이번에도 포숙아는 관중을 감쌌지.

"관중이 전쟁터에서 도망친 건 홀로 계신 어머니가 걱정되어서요. 만약 관중이 죽으면 누가 어머니를 돌보겠소?"

포숙아의 말을 들은 관중은 언제나 자신을 감싸준 친구의 우정에 눈물을 흘렸어. 그리고 먼 훗날, 관중은 포숙아의 믿음에 보답이라도 하듯 중국 최고의 재상❺으로 이름을 떨치게 되었어.

"나를 낳아준 것은 부모님이지만, 나를 이해해 준 사람은 오직 포숙아뿐이다."

관중과 포숙아, 두 사람의 깊은 우정에서 '관포지교'라는 고사성어❻가 생겨났어. 관포지교는 우정이 아주 두터운 친구 사이를 말해.

### 역사 사전

**춘추 전국 시대**
기원전 770년부터 기원전 221년까지 약 550년간 이어진 시기야. 이때 중국은 수십 개의 나라로 쪼개져 서로 살아남기 위해 피나는 경쟁을 벌였지.

포숙아, 나를 진정으로 알아주는 사람은 자네뿐이네….

❹ 꽁지 빠지게 몹시 빨리 도망가거나 달아나는 모습을 나타내는 말. ❺ 재상(宰재상 재, 相서로 상) 왕을 돕고 모든 관원을 지휘, 감독하던 벼슬. ❻ 고사성어(故옛 고, 事일 사, 成이룰 성, 語말씀 어) 옛이야기에서 유래한, 한자로 이루어진 말. 어떤 상황을 비유하거나 후손에게 가르침을 주는 낱말이 많음.

**1**

중심
내용

이 글의 중심 내용으로 알맞은 것에 ○표 해 보세요.

① 벼슬길에 오른
관중

② 관중과 포숙아의
진정한 우정

③ 홀로 계신 어머니에
대한 관중의 효심

☐  ☐  ☐

**2**

인물
이해

이 글의 인물들에 대한 설명으로 알맞은 것을 골라 보세요.  (          )

① 관중은 부유한 귀족 집안 출신이다.

② 포숙아는 훗날 중국 최고의 명재상이 되었다.

③ 관중은 홀로 계신 어머니를 모시는 가난뱅이이다.

④ 포숙아는 전쟁터에서 도망갔다는 비난을 받기도 했다.

**3**

내용
이해

이 글을 읽고 다음 질문에 대한 대답으로 알맞은 것을 골라 보세요.  (          )

고사성어 '관포지교' 이야기를 통해 어떤 교훈을 얻을 수 있을까요?

① 부유한 친구를 사귀어야 한다는 교훈을 얻었어요.

② 전쟁터에서는 물러서지 않고 싸워야 한다는 교훈을 얻었어요.

③ 공부를 열심히 해야 높은 관직을 얻을 수 있다는 교훈을 얻었어요.

④ 친구를 이해하고 어려움을 감싸주는 것이 참된 우정이라는 교훈을 얻었어요.

**4**

내용
적용

이 글을 연극으로 만들었어요. 이 글의 내용과 일치하지 <u>않는</u> 것을 골라 보세요.  (          )

### 연극 제목: 관포지교

- 등장인물: 관중, 포숙아
- 배경: ① 춘추 전국 시대 제나라
- 내용: ② 관중과 포숙아 두 사람의 아름다운 우정
- 주요 장면:
    ③ 혼자 계신 어머니를 버리고 도망치는 관중
    ④ 사람들의 손가락질에도 관중을 감싸는 포숙아

**5** 빈칸을 채우며 이 글의 내용을 정리해 보세요.

핵심
정리

옛날 중국의 ① ☐☐ 과 ② ☐☐☐ 는 처지가 달랐지만 어려

서부터 깊은 우정을 쌓았다. 그들의 우정은 '③ ☐☐☐☐ '라는 고사

성어를 통해 오늘날까지 전해져 오고 있다.

**어휘 학습**

**6** 낱말의 알맞은 뜻을 찾아 선으로 이어 보세요.

어휘
복습

(1) 부유 •          • ① 관직에 있는 사람.

(2) 관리 •          • ② 재물이 많고 살림이 넉넉함.

(3) 벼슬길 •        • ③ 나랏일을 하는 관리가 되는 길.

**7** 대화를 읽고 빈칸에 알맞은 낱말을 써 보세요.

어휘
적용

용선생: 오늘은 친구와의 우정을 뜻하는 낱말을 알아볼까?

두기: 네, 관중과 포숙아의 우정을 뜻하는 '관포지교'라는 말이 있어요.

용선생: 제법인데? '막역지우'라는 말도 있단다. '서로 거스름이 없는 친구'란 뜻이지. 그리고 물과 물고기처럼 아주 친하여 떨어질 수 없는 사이를 가리키는 '수어지교'라는 말도 있지. 이들 낱말은 모두 옛이야기에서 나온 말인데, 한자로 이루어져 있어. 이런 말들을 가리켜 뭐라고 할까?

두기: 정답은 ☐☐☐☐ 예요.

용선생: 맞았어! 이런 낱말에는 어떤 상황을 빗대거나 조상이 후손에게 전하는 가르침이 담겨 있지.

# 14

# 부차와 구천, 서로 복수를 다짐하다

부차와 구천이 서로에게 복수를 다짐했어! 둘 사이에 무슨 일이 있었던 걸까?

| 교과서 핵심어 | ★중국 ★춘추 전국 시대 ★와신상담 |

중국에서 춘추 전국 시대가 시작된 지 약 200년 뒤의 일이야. 중국 여러 나라는 여전히 끊임없이 전쟁을 벌였어. 힘센 나라는 힘없는 나라를 공격하고, 힘센 사람이 가장 좋은 대접을 받았지. 그래서 나라마다 싸움에서 이기고 살아남기 위해 계속 경쟁했어.

그런데 여러 나라 중에서도 특히 사이가 좋지 않은 두 나라가 있었어. 바로 오나라와 월나라였지. 두 나라가 맞붙은 첫 번째 싸움에서는 월나라가 이겼어. 오나라 왕은 싸우다가 큰 상처를 입고 결국 세상을 떠났지.

"내가 월나라에게 지다니! 아들아, 내 원수¹를 꼭 갚아다오!"

"아버지, 월나라에게 꼭 복수²하겠습니다."

아버지의 뒤를 이어 오나라의 왕이 된 부차는 월나라 왕 구천에게 이를 갈았³어. 부차는 신하들에게 자신을 볼 때마다 이렇게 외치게 했지.

"부차야! 너는 아버지의 유언⁴을 잊었느냐?"

부차는 밤에도 편한 자리를 마다하고 늘 장작더미⁵ 위에서 잠을 이뤘어. 하지만 원수를 갚기 위해서는 무엇보다도 힘이 있어야만 했어.

ㅇㅇ, 구천에게 복수할 때까지 편히 잘 수 없다!

"싸움에서 이기려면 훈련밖에 답이 없다."

부차는 오나라 군사들을 밤낮으로 훈련시켜 강력한 군대로 만들었어. 하지만 구천은 부차가 군대를 키운다는 소식을 듣고 코웃음을 쳤지.

"풉, 우습구나! 오나라의 애송이가 원수를 갚겠다고?"

---

① 원수(怨원망할 원, 讐원수 수) 분함과 억울함이 가슴에 맺힐 정도로 자신에게 해를 끼친 사람이나 집단. ② 복수(復되돌릴 복, 讐원수 수) 원수를 갚는 일. ③ 이를 갈다 몹시 화가 나거나 분을 참지 못하여 독한 마음을 먹다. ④ 유언(遺남길 유, 言말씀 언) 죽음에 이르러 남기는 말. ⑤ 장작더미(長길 장, 斫벨 작) 불을 피우기 위한 용도로 나무를 길게 쪼개 쌓아 올린 것.

으 으~
내 과거처럼 쓴 이 맛!
부차야, 반드시 갚아주마!

　몇 년 뒤, 부차는 군대를 이끌고 월나라로 쳐들어갔어. 구천은 그제야 깜짝 놀랐지. 오나라 군대가 생각보다 훨씬 강했거든.

　"아니! 오나라 군대가 언제 이렇게 강해졌지?"

　두 번째 싸움에서는 월나라가 졌어. 싸움에 진 구천은 부차 앞에 납작 엎드렸지. 구천은 오나라에 머물며 부차의 시중⁷도 들었어. 부차는 구천을 보고 몹시 우쭐했지.

　"하하! 이제 다시는 구천이 나에게 대들지 못할 거야."

　하지만 월나라로 돌아온 구천은 자신이 당한 치욕⁸을 되새기며 복수를 다짐했어.

　"쓸개⁹를 가져오너라. 쓰디쓴 쓸개를 핥으며 나를 채찍질¹⁰하리라!"

　구천은 신하들을 불러 모아 생각을 물었어.

　"오나라에게 복수하려면 어떻게 하는 게 좋겠소?"

　"백성을 잘 돌보시고 똑똑한 사람을 가까이 두셔야 합니다."

　구천이 노력한 덕분에 월나라는 몰라보게 강해졌어. 몇 년 후, 마침내 구천은 오나라에 쳐들어가 복수하는 데 성공했지. 월나라가 최후의 승리자가 된 거야.

　부차와 구천이 서로 복수를 다짐하면서 힘을 기른 이야기에서 '와신상담'이란 고사성어가 나왔어. 와신상담은 '장작더미 위에 누워 잠자고 쓸개를 맛본다.'라는 뜻인데, 무언가를 이루기 위해 온갖 어려움을 참고 견딘다는 의미로 쓰여.

---

　❻ 애송이 애티가 나는 사람이나 물건. ❼ 시중 옆에 있으면서 여러 가지 심부름을 하는 일. ❽ 치욕(恥부끄러울 치, 辱욕될 욕) 욕되고 창피스러움. ❾ 쓸개 동물의 몸 안에 있는 장기로, 간에서 나오는 쓸개즙을 저장하는 주머니. ❿ 채찍질하다 몹시 재촉하면서 다그치거나 일깨워 힘차게 북돋아 주다.

**1** 이 글을 읽고 다음 문장에 들어갈 알맞은 말을 골라 ○표 해 보세요.

중심
내용

> 오나라의 부차와 월나라의 구천은 하루가 멀다 하고 싸우며 서로 ( 원수 / 은혜 )를 갚겠다고 다짐했다. 부차는 아버지의 원수를 갚을 때까지 ( 장작더미 / 지붕 ) 위에서 잠을 잤고, 구천은 쓸개를 핥았다.

**2** 이 글의 인물들에 대한 설명으로 알맞은 것을 <u>모두</u> 선으로 이어 보세요.

인물
이해

① 복수를 다짐하며 쓸개를 핥았다.

(1) 부차 •

② 오나라의 신하가 되어 시중을 들었다.

(2) 구천 •

③ 월나라를 공격하기 위해 군대를 키웠다.

④ 아버지의 원수를 갚기 위해 복수를 다짐했다.

**3** 이 글의 춘추 전국 시대에 대한 설명으로 알맞은 것을 골라 보세요. (          )

내용
이해

① 전쟁이 일어나지 않는 시대였다.
② 힘센 나라는 힘이 약한 나라를 공격하지 않았다.
③ 중국이 오나라와 월나라 두 나라로 갈라져 있던 시대였다.
④ 싸움에서 이겨 살아남기 위해 나라마다 열띤 경쟁을 벌였다.

**4** 이 글의 부차가 쓴 일기예요. 이 글의 내용과 일치하지 <u>않는</u> 것을 골라 보세요. (          )

내용
적용

> 나의 원수 구천에게 복수하리라!
>
> 날짜: ○○년 ○○월 ○○일    날씨: 맑음
>
> 내일 드디어 ① 월나라와 전쟁을 벌인다. ② 아버지가 돌아가시면서 남긴 말씀을 계속 되새기며 이날만을 기다려왔다. ③ 잠은 침대에서 편하게 누워 잤지만, 복수심에 하루도 이를 갈지 않은 날이 없었다. ④ 밤낮으로 훈련 시킨 군사들이 있으니 두려울 것이 없다. 나는 전쟁에서 꼭 승리할 것이다.

**5** 빈칸을 채우며 이 글의 내용을 정리해 보세요.

핵심
정리

| | | | |
|---|---|---|---|

| 뜻 | '불편한 장작더미 위에 누워 잠자고 쓸개를 맛본다'는 뜻으로, 원수를 갚거나 무언가를 이루기 위해 온갖 어려움을 참고 견디는 것을 말한다. |
|---|---|

## 어휘 학습

**6** 낱말의 알맞은 뜻을 찾아 선으로 이어 보세요.

어휘
복습

(1) 원수 •

(2) 복수 •

(3) 시중 •

• ① 원수를 갚는 일.

• ② 옆에 있으면서 여러 가지 심부름을 하는 일.

• ③ 분함과 억울함이 가슴에 맺힐 정도로 자신에게 해를 끼친 사람이나 집단.

**7** 빈칸에 들어갈 알맞은 낱말을 보기에서 찾아 문장을 완성해 보세요.

어휘
적용

보기    유언    장작더미    애송이    치욕    쓸개

(1) 날이 추워지자, 아버지는 _____에 불을 붙였다.
ㄴ 불을 피우기 위한 용도로 나무를 길게 쪼개 쌓아 올린 것.

(2) 적군 앞에 무릎을 끓다니, _____스러운 일이구나!
ㄴ 욕되고 창피스러움.

(3) 할아버지는 가족들에게 싸우지 말고 친하게 지내라고 _____을 남겼다.
ㄴ 죽음에 이르러 남기는 말.

| 아시아 |

# 15

# 공자, 제자에게 인을 가르치다

공자가 누구야?
공자가 가르쳤다는
인(仁)은 무엇일까?

## 인물 사전

**공자**
(기원전 551년 ~ 기원전 479년)
중국 춘추 전국 시대에 학문으로 이름을 떨친 학자야. 우리나라를 비롯해 동아시아 지역에 큰 영향을 준 유교를 만들었지.

| 교과서 핵심어 | ★공자 ★춘추 전국 시대 ★인(仁) ★유교 |

"늘 남을 헤아리고 자기가 싫은 것은 남에게 시키지 말아야 한다!"

"네, 스승님. 명심하겠습니다." ❶

오늘도 공자의 제자들은 스승의 말씀을 받아 적느라 바빴어. 중국 춘추 전국 시대의 유명한 학자였던 공자는 학식이 뛰어나서 따르는 제자가 많았어. 공자는 여러 제자 중에서도 안회를 가장 아끼고 사랑했지. 안회는 하나를 보면 열을 알 정도로 뛰어난 사람이었거든.

그런데 어느 날, 안회가 웬 낯선 사람과 함께 찾아와 씩씩대며 입을 열었어.

"스승님, 제가 답답한 일을 당했습니다! 어떻게 하면 좋겠습니까?"

공자는 조용히 이야기를 들었어. 안회가 시장에 갔는데, 마침 그때 포목점에서 상인과 손님 사이에서 싸움이 벌어졌다는 거야.

"손님, 옷감 한 필에 3전이고, 8필을 고르셨으니 24전을 주셔야 합니다."

"주인 양반, 계산 똑바로 하시오! 3 곱하기 8은 23이니, 23전만 내겠소!"

계산을 잘못한 손님이 고집을 부리고 있었던 거지. 안회는 이 모습을 보자 그냥 지나칠 수 없었어. 공자의 가르침대로 옳지 못한 것은 바로잡아 주어야겠다고 생각했거든.

"24전이 맞습니다. 손님의 계산이 틀렸습니다."

그러자 포목점의 손님은 마구 화를 냈어.

"남의 일에 왜 끼어드는 거야? 네가 공자처럼 유명한 사람이라도 되냐?"

"그럼 공자가 틀렸다고 하면 어떻게 하실 겁니까?"

"내가 틀렸다고 하면 목숨을 내놓으마. 그런데 넌?"

"제가 틀리면 하나밖에 없는 제 관을 내어놓겠습니다."

---

❶ 명심(銘새길 명, 心마음 심) 잊지 않도록 마음에 깊이 새겨 둠. ❷ 학자(學배울 학, 者사람 자) 학문에 능통하거나 학문을 연구하는 사람. ❸ 학식(學배울 학, 識알 식) 배워서 얻은 지식. ❹ 하나를 보면 열을 안다 한마디 말을 듣고도 여러 가지 사실을 미루어 알아낼 정도로 매우 똑똑하다. ❺ 포목점(布베 포, 木나무 목, 店가게 점) 옷감을 파는 가게.

이렇게 안회와 손님은 시시비비[8]를 가리기 위해 공자를 찾아온 것이었어. 모든 이야기를 들은 공자는 빙그레 웃으며 이렇게 답했지.

"안회야, 네가 졌다. 이 사람에게 관을 벗어주거라."

'아니, 어떻게 스승님께서 이렇게 잘못된 판단[9]을 내리실 수 있지?'

안회는 억울했지만 속으로 분을 삭이며 손님에게 관을 내주었어. 손님은 그것 보라며 안회를 한껏 약 올리고 자리를 떠났지. 공자는 억울한 표정을 짓고 있는 안회를 바라보며 차분히 입을 열었어.

"내가 만약 네가 옳다고 했으면 그 사람은 목숨을 내놓아야 했다. 옳고 그름을 가리는 것보다 사람의 목숨이 더 중요하지 않느냐?"

"아뿔싸! 역시 스승님이십니다! 사람을 가장 소중히 여겨야 한다는 인(仁)의 가르침을 제가 잊고 있었습니다."

공자의 깊은 가르침을 그제야 깨달은 안회는 스승 앞에서 고개를 숙였어.

이런 공자를 따르는 사람들이 많아졌고, 훗날 공자의 가르침을 따르는 종교인 '유교'가 생겨났어.

 역사 사전

**인**
(仁어질 인) 남을 사랑하고 어질게 행동하는 일을 말해. 공자가 강조하는 덕 중에서 가장 기본이 되는 것이지.

**유교**
(儒선비 유, 敎가르칠 교) 옛날 중국 공자의 가르침을 따르는 종교야. 인(仁)을 가장 중요하게 생각했고, 나라에 대한 충성과 부모에 대한 효를 강조했어. 우리나라도 조선 시대 때 유교를 국교로 삼아 사회 질서를 유지했지.

사람을 가장 소중히 여기는 마음이 인이다. 인을 지키며 살도록 하여라.

---

❻ 필(疋짝 필) 일정한 길이로 말아 놓은 옷감을 세는 단위. ❼ 관(冠갓 관) 옛날 왕족이나 귀족이 격식에 맞게 쓰던 모자. ❽ 시시비비(是옳을 시, 是옳을 시, 非아닐 비, 非아닐 비) 옳고 그름을 이르는 말. ❾ 판단(判판가름할 판, 斷끊을 단) 논리나 기준 등에 따라 판정을 내림.

**1** 이 글의 중심 내용으로 알맞은 것에 ○표 해 보세요.

중심
내용

① 유교로 나라를
다스린 공자

② 제자 안회에게
인(仁)을 가르친 공자

③ 나라를 부유하고
강하게 만든 공자

☐ ☐ ☐

**2** 이 글의 공자에 대한 설명으로 알맞은 것을 <u>모두</u> 선으로 이어 보세요.

인물
이해

① 포목점을 운영하는
상인이다.

② 공자의 가르침을 따르는
종교를 '유교'라고 한다.

공자

③ 안회를 스승으로 모시는
제자 중 한 명이었다.

④ 늘 남을 헤아리며, 사람을
가장 소중히 할 것을 가르쳤다.

**3** 이 글의 내용과 일치하면 ○표, 일치하지 않으면 ✗표 해 보세요.

내용
이해

(1) 포목점 손님의 계산이 맞았다. ( )

(2) 공자는 제자 안회의 편을 들지 않았다. ( )

(3) 포목점 주인은 손님을 속이고 옷감의 값을 더 받아내려 했다. ( )

(4) 포목점에 들른 손님은 옷감의 값을 잘못 계산하여 목숨을 잃었다. ( )

**4** 이 글의 안회가 일기를 썼어요. 이 글의 내용과 일치하지 <u>않는</u> 것을 골라 보세요. ( )

내용
적용

**공자님께서 오늘 가르쳐 주신 것**

날짜: ○○년 ○○월 ○○일     날씨: **맑음**

오늘 시장에서 ① <u>옳고 그름을 바로잡아 주려다가</u> 포목점 손님과 시비가 붙었다. 분명
나의 계산이 맞고 포목점 손님의 계산이 틀린 것이었는데, ② <u>스승님은 내가 틀렸다고 말
씀하셨다.</u> 처음에는 화가 났지만, 이내 ③ <u>스승님의 가르침을 깨닫게 되었다.</u> 앞으로 살아
가며 ④ <u>나와 관련 없는 일에는 신경을 쓰지 말아야겠다고</u> 다짐하였다.

**5** 빈칸을 채우며 이 글의 내용을 정리해 보세요.

핵심
정리

중국의 유명한 학자였던 ① ☐☐ 는 무엇보다도 사람을 가장 소중히 여겨야

한다는 ② ☐ 을 가르쳤다. 그를 따르는 사람들이 많아지며 그의 가르침을 따르는 종

교인 ③ ☐☐ 가 탄생했다.

---

## 어휘 학습

**6** 낱말의 알맞은 뜻을 찾아 선으로 이어 보세요.

어휘
복습

(1) 명심 •

(2) 학자 •

(3) 학식 •

• ① 배워서 얻은 지식.

• ② 잊지 않도록 마음에 깊이 새겨 둠.

• ③ 학문에 능통하거나 학문을 연구하는 사람.

**7** 밑줄 친 낱말의 알맞은 뜻을 골라 번호를 써 보세요.

어휘
적용

| 필 | ① 말이나 소를 세는 단위.<br>예 외양간에 도둑이 들어 소 열 **필**이 사라졌다.<br>② 일정한 길이로 말아 놓은 옷감을 세는 단위.<br>예 나는 포목점에서 면 한 **필**을 샀다. |
|---|---|

(1) 잔치 때 입을 옷을 지으려면 비단 한 필이 꼬박 들어간다오.　　　　　( 　 )

(2) 장군은 용감하게 말 한 필만을 거느린 채로 적에게 돌진했다.　　　　　( 　 )

▶ 정답 17쪽

## 핵심어로 사다리 타기!

🔍 번호 순서대로 사다리를 타고 내려가세요. 설명에 맞는 핵심어이면 ○표, 틀린 핵심어이면 X표에서 다시 사다리를 타서 세 자리 비밀번호를 순서대로 써 보세요.

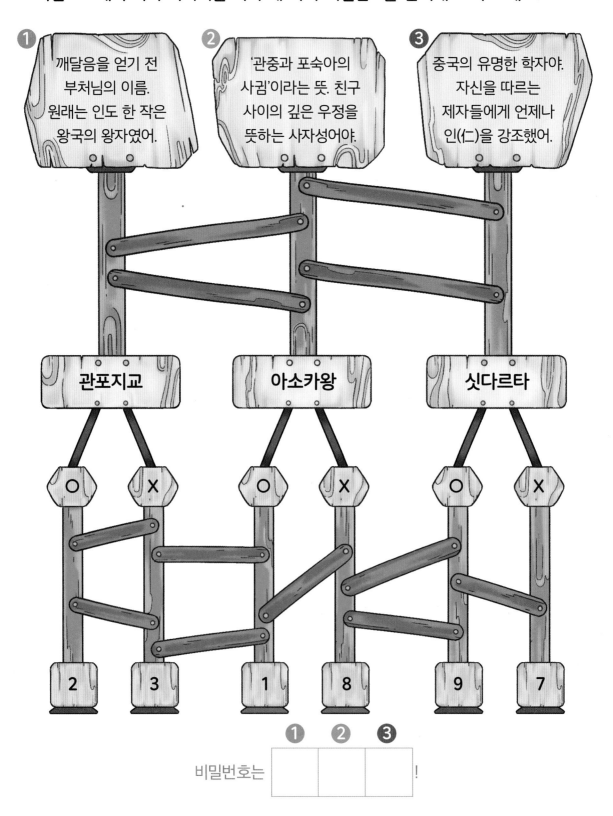

❶ 깨달음을 얻기 전 부처님의 이름. 원래는 인도 한 작은 왕국의 왕자였어.

❷ '관중과 포숙아의 사귐'이라는 뜻. 친구 사이의 깊은 우정을 뜻하는 사자성어야.

❸ 중국의 유명한 학자야. 자신을 따르는 제자들에게 언제나 인(仁)을 강조했어.

관포지교 아소카왕 싯다르타

○ X ○ X ○ X

2 3 1 8 9 7

비밀번호는 ❶ ❷ ❸ ！

드넓은 중국이 최초로 하나로 통일됐대!
통일된 중국에서는 과연 어떤 일이 일어났을까?

# 4주

**기원전 108년**
고조선 멸망

**기원전 753년**
로마 건국

**기원전 221년**
시황제, 중국 통일

**기원전 202년**
유방, 한나라 건국

**기원전 139년**
장건, 월지로 출발

**기원전 91년**
사마천, 《사기》 완성

| 회차 | 학습 내용 | 교과서 핵심어 | 교과 연계 | 학습 계획일 |
|---|---|---|---|---|
| **16** | 중국을 통일한 **시황제**, 백성을 괴롭히다 | ★ 시황제<br>★ 진나라<br>★ 중국<br>★ 만리장성 | 【중학 역사 I】<br>I. 문명의 발생과 고대 세계의 형성<br>③ 고대 제국들의 특성과 주변 세계의 성장 | 월 일 |
| **17** | **유방**, 항우를 꺾고 중국을 차지하다 | ★ 유방<br>★ 항우<br>★ 한나라<br>★ 중국 | 【중학 역사 I】<br>I. 문명의 발생과 고대 세계의 형성<br>③ 고대 제국들의 특성과 주변 세계의 성장 | 월 일 |
| **18** | **사마천**, 최고의 역사책 《사기》를 짓다 | ★ 사마천<br>★ 한나라<br>★ 중국<br>★ 사기 | 【중학 역사 I】<br>I. 문명의 발생과 고대 세계의 형성<br>③ 고대 제국들의 특성과 주변 세계의 성장 | 월 일 |
| **19** | **장건**, 비단길을 열다 | ★ 장건<br>★ 한나라<br>★ 서역<br>★ 비단길 | 【중학 역사 I】<br>I. 문명의 발생과 고대 세계의 형성<br>③ 고대 제국들의 특성과 주변 세계의 성장 | 월 일 |
| **20** | 늑대 젖을 먹고 자란 **로물루스**, 로마를 세우다 | ★ 로물루스<br>★ 레무스<br>★ 유럽<br>★ 로마 | 【중학 역사 I】<br>I. 문명의 발생과 고대 세계의 형성<br>③ 고대 제국들의 특성과 주변 세계의 성장 | 월 일 |

**역사 놀이터** | **핵심어로 비밀 숫자 찾기!**

# 16 중국을 통일한 시황제, 백성을 괴롭히다

**시황제**
(기원전 259년 ~ 기원전 210년)
중국을 최초로 통일한 진나라의 왕이야. 중국에서 처음으로 '황제'라는 호칭을 썼지.

| 교과서 핵심어 | ★시황제　★진나라　★중국　★만리장성 |

"하하하! 드넓은 천하가 내 손안에 있구나!"

기원전 221년, 진나라의 시황제는 여러 나라로 나뉘어 있던 중국을 최초로 통❶일했어. 시황제는 처음에는 나라를 잘 다스리려고 했지. 여러 나라를 하나로 통일하고 나니 손봐야 할 것이 한둘이 아니었어.

"폐하, 도시마다 문자가 달라서 불편하옵니다!"

"동네마다 쓰는 돈도 달라서 장사하기 어렵사옵니다."

시황제는 지역마다 달랐던 문자와 화폐를 통일해 백성들의 불편을 줄여주었어.

그런데 사람들은 점차 시황제를 두려워하기 시작했어. 시황제는 복잡하고 ❷엄격한 법을 만들고, 법을 따르지 않으면 큰 벌을 내렸거든. 황제를 욕하는 사람도 가만두지 않았어.

"감히 황제가 만든 법을 안 따라? 법을 안 지키면 다 죽여 버리겠다!"

"황제를 ❸비판하는 책을 썼다고? 책을 쓴 학자를 죽이고, 책도 불태워라!"

그뿐 아니라 시황제는 화려한 궁전과 자신의 거대한 무덤을 짓는 일에 수많은 사람을 부려먹기도 했어. 사람들의 괴로움은 이것이 끝이 아니었지.

"북쪽에 사는 ❹오랑캐가 진나라를 위협한다! 긴 성벽을 쌓아라!"

내 마음대로 천하를 주물러야지!

하! 하 하 흠 하

---

❶ 통일(統거느릴 통. 一한 일) 나누어지거나 갈라진 것들을 합쳐서 하나가 되게 함. ❷ 엄격(嚴엄할 엄. 格격식 격) 말. 태도. 혹은 규칙이 매우 엄하고 철저함. ❸ 비판(批비평할 비. 判단할 판) 잘못을 꼬집어 말함. ❹ 오랑캐 다른 민족을 얕잡아 이르는 말.

시황제의 명령에 따라 수많은 사람이 끌려가 장장 8년 동안 수천 킬로미터가 넘는 성벽을 지었지. 이렇게 쌓은 성벽을 만리장성이라고 해. 만리장성을 쌓는 동안 많은 사람이 죽거나 다쳤어. 게다가 성벽을 쌓느라 농사도 제대로 지을 수 없었지.

사람들의 속은 부글부글 끓었어.

"아이고, 시황제 때문에 못살겠네!"

사람들의 속도 모르고 시황제는 화려한 삶을 계속 누리고 싶었어.

"황제가 되니 내 마음대로 할 수 있어 좋구나! 이대로 영원히 살면 좋으련만."

시황제는 영원히 살 수 있는 약을 구하기 위해 세금을⁵ 펑펑 낭비했어.⁶ 하지만 시황제는 황제가 된 지 겨우 10년 만에 병으로 세상을 떠났지.

시황제가 죽자, 그동안 시황제 밑에서 숨죽이며 살던 사람들이 곳곳에서 반란을 일으켰어. 진나라는 바람 앞의 촛불처럼 흔들거리기 시작했지.

아이고, 성벽을 쌓느라 농사도 못 짓고 이게 무슨 꼴이야!

---

⑤ 세금(稅세금 세. 金쇠 금) 나라에서 쓰기 위해 국민에게 거두어들이는 돈. ⑥ 낭비(浪물결 낭. 費쓸 비) 시간이나 재물을 헛되이 헤프게 씀.

**1** 빈칸을 채워 이 글의 중심 내용을 완성해 보세요.

중심
내용

진나라의 [　　][　　][　　] 는 중국을 최초로 통일하였지만, 백성을 괴롭혔다.

**2** 이 글의 시황제에 대한 설명으로 알맞은 것을 <u>모두</u> 골라 보세요. (　　　, 　　　)

인물
이해

① 황제가 된 후 1년 만에 죽었다.

② 자신을 비판하는 사람들에게 커다란 상을 내렸다.

③ 여러 나라로 나뉘어 있던 중국을 처음으로 통일했다.

④ 영원히 살 수 있는 약을 구하기 위해 세금을 펑펑 썼다.

**3** 이 글의 진나라 사람들이 다음과 같이 말한 까닭으로 알맞지 <u>않은</u> 것을 골라 보세요.

내용
이해

(　　　)

> 아이고, 시황제 때문에 못살겠네!

① 지역마다 문자와 화폐가 달라졌기 때문이다.

② 법을 조금만 어겨도 큰 벌을 받을까 봐 무서웠기 때문이다.

③ 거대한 궁전과 무덤을 만드는 데 끌려가 힘들었기 때문이다.

④ 만리장성을 쌓는 데 동원되었던 많은 사람이 목숨을 잃었기 때문이다.

**4** 이 글을 읽고 다음 사진에 대한 설명으로 알맞은 것을 골라 보세요. (　　　)

자료
해석

▲ 만리장성

① 이 성벽은 길이가 짧아서 짓는 데 1년 정도 걸렸다.

② 이 성벽은 시황제가 중국을 통일하기 전에 완성되었다.

③ 이 성벽은 북쪽에 사는 다른 민족을 막기 위해 세워졌다.

④ 이 성벽을 짓는 데 끌려간 사람들은 한 명도 죽거나 다치지 않았다.

▶ 정답과 풀이 9쪽

## 5

핵심
정리

빈칸을 채우며 이 글의 내용을 정리해 보세요.

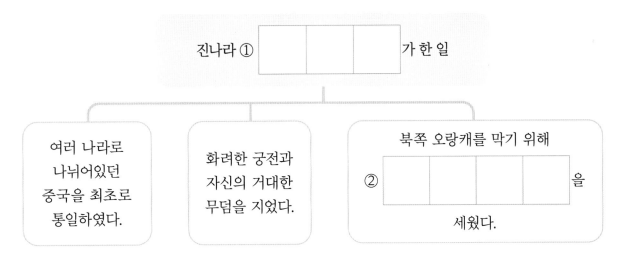

진나라 ①　　　　　　가 한 일

| 여러 나라로 나뉘어있던 중국을 최초로 통일하였다. | 화려한 궁전과 자신의 거대한 무덤을 지었다. | 북쪽 오랑캐를 막기 위해 ②　　　　　　을 세웠다. |

**어휘 학습**

## 6

어휘
복습

낱말의 알맞은 뜻을 찾아 선으로 이어 보세요.

(1) 통일 ●　　　● ① 시간이나 재물을 헛되이 헤프게 씀.

(2) 엄격 ●　　　● ② 말, 태도, 혹은 규칙이 매우 엄하고 철저함.

(3) 낭비 ●　　　● ③ 나누어지거나 갈라진 것들을 합쳐서 하나가 되게 함.

## 7

어휘
적용

빈칸에 들어갈 알맞은 낱말을 보기 에서 찾아 문장을 완성해 보세요.

보기　　　비판　　　오랑캐　　　세금

(1) 이 책은 거짓말을 일삼는 사람들의 행동을 ＿＿＿＿＿＿＿하고 있다.
└ 잘못을 꼬집어 말함.

(2) 군사들은 임금의 명령을 받고 ＿＿＿＿＿＿＿를 몰아내러 북쪽으로 갔다.
└ 다른 민족을 얕잡아 이르는 말.

(3) 임금은 화려한 궁궐과 무덤을 짓는 데 나라의 ＿＿＿＿＿＿＿을 엄청나게 썼다.
└ 나라에서 쓰기 위해 국민에게 거두어들이는 돈.

# 유방, 항우를 꺾고 중국을 차지하다

유방은 어떤 방법으로 항우를 물리치고 중국을 차지하게 되었을까?

**인물 사전**

**유방**
(기원전 247년 ~ 기원전 195년)
중국의 장군이자 황제야. 시황제의 죽음으로 진나라가 흔들렸을 때. 군사를 일으켜 중국을 다시 통일했어. 한나라를 세우고 첫 번째 황제가 되었지.

| 교과서 핵심어 | ★유방 ★항우 ★한나라 ★중국 |

진나라가 무너지자, 한나라의 유방과 초나라의 항우가 중국을 놓고 다투기 시작했어.

유방과 항우는 여러모로 달랐어. 항우는 귀족 출신이었지만, 유방은 보잘것없는 집안 출신이었어. 성격도 매우 달랐지.

"항우는 키도 크고 힘도 엄청 세대. 누구도 꺾을 수 없는 장군이라지!"

"유방은 베풀기를 좋아해서 사람들이 많이 따른다는군."

처음에는 강한 군대를 가진 항우가 훨씬 앞섰어. 항우는 싸울 때마다 유방의 군대를 물리쳤지. 하지만 항우는 자기 힘만 믿고 으스대기❶ 바빴어. 그래서 사람들은 유방을 더 좋아했지.

"흥! 항우는 자기만 잘난 줄 알고 우리를 무시해."

여러 영웅호걸❷은 항우에게 등을 돌리고 하나둘 유방의 편에 섰어. 그러자 힘이 세진 유방의 군대가 항우의 군대를 압도❸했지.

"큰일입니다! 군사들은 점점 줄어들고 먹을 것도 떨어져 갑니다."

항우의 군대는 약해져만 갔어. 유방은 때를 놓치지 않고 항우를 몰아붙였지. 하지만 항우는 항복하지 않고 끝까지 버텼어.

❶ 으스대다 우쭐거리며 뽐내다. ❷ 영웅호걸(英뛰어날 영. 雄수컷 웅. 豪호걸 호. 傑뛰어날 걸) 영웅과 호걸을 아우르는 말. 재능이 뛰어나고 용맹한 사람을 뜻함. ❸ 압도(壓누를 압. 倒넘어질 도) 뛰어난 힘이나 재주로 남을 눌러 꼼짝 못 하게 함.

"항우가 쉽게 항복하지 않는데, 좋은 방법이 없겠소?"

"초나라 병사들의 마음을 흔들면 어떻겠습니까?"

유방은 포로로 붙잡은 항우의 병사들에게 고향인 초나라의 노래를 부르게 했어. 고향 생각이 나게 만들어 항우 부하들의 마음을 흔들려고 한 거지.

"이건 우리 고향의 노래잖아?"

"고향에 두고 온 아내가 보고 싶구나! 부모님은 잘 계실까?"

노래를 듣고 마음이 약해진 항우의 군사들은 하나둘 도망치기 시작했어. 유방의 작전이 멋지게 들어맞은 거야.

항우는 사방에서 들리는 초나라 노래에 크게 좌절했어.

"한나라에 항복한 초나라 군사들이 노래를 부르고 있구나! 이제는 어찌할 방법이 없다."

항우는 초나라 군사들이 모두 유방에게 넘어갔다고 생각했어. 궁지에 몰린 항우는 스스로 목숨을 끊었지. 이로써 유방은 중국을 통일했고, 한나라의 첫 번째 황제가 되었지.

이후 한나라는 중국을 오랫동안 다스리며 번영을 누렸어. 수많은 외국인들이 한나라를 찾았고, 한나라의 문자와 문화가 널리 퍼졌지. 그래서 '한(漢)'이란 말은 중국을 가리키는 말로 자리 잡았어. 오늘날 중국 사람을 '한족', 중국에서 쓰는 문자를 '한자'라 부르지.

적군에 포위돼 도움 받을 곳이 없구나… 망했다!

역사 사전

**한나라**
(기원전 202년 ~ 기원후 220년)
유방이 중국을 다시 통일하며 세운 나라야. 오늘날 중국 민족의 대다수를 차지하는 한족의 뿌리가 되는 나라지.

---

❹ 항복(降항복할 항. 伏엎드릴 복) 적이나 상대편의 힘에 눌려 패배를 인정하고 무릎을 꿇음. ❺ 포로(捕잡을 포. 虜사로잡을 로) 전쟁터에서 사로잡은 적. ❻ 궁지(窮다할 궁. 地땅 지) 더는 어려움을 벗어날 수 없는 상태나 처지. ❼ 번영(繁번성할 번. 榮영광 영) 어떤 사회나 조직의 세력이 커져서 물질적으로 넉넉해짐.

**1** 이 글의 중심 내용으로 알맞은 것에 ○표 해 보세요.

중심
내용

① 유방과 항우의
우정

② 항우의 작전에 속아
전쟁에서 진 유방

③ 경쟁자 항우를 물리치고
중국을 차지한 유방

☐ ☐ ☐

**2** 이 글의 유방에 대한 설명으로 알맞은 것을 골라 보세요. (          )

인물
이해

① 이름난 귀족 출신이었다.

② 베풀기를 좋아해 따르는 사람이 많았다.

③ 항우의 작전에 휘말려 스스로 목숨을 끊었다.

④ 자기 힘만 믿고 으스대 많은 사람을 적으로 돌렸다.

**3** 이 글을 읽고 빈칸에 들어갈 알맞은 말을 골라 보세요. (          )

내용
이해

> 사면초가는 '사방에서 들리는 초나라 노래'라는 뜻입니다. 항우가 유방의 군사에게 둘러싸인 상황에서 유래한 사자성어로, _____

① 도움받을 곳이 없어 외롭고 힘든 상태를 뜻합니다.

② 사방에서 노래가 들려 즐겁고 흥겨운 상황을 뜻합니다.

③ 어려운 처지여도 의지만 있으면 해결할 수 있다는 뜻입니다.

④ 노랫소리가 울리면 시끄러워서 제대로 싸울 수 없다는 뜻입니다.

**4** 이 글을 읽고 빈칸에 들어갈 알맞은 말을 순서대로 써 보세요.

내용
적용

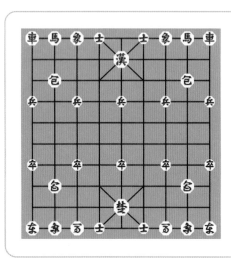

### 장기의 유래

장기는 진나라가 망한 뒤 중국을 차지하기 위한 경쟁을 게임으로 만든 것이다. 빨간색의 가장 큰 글자 漢 (한)은 ① ☐☐ 의 한나라를 뜻하고, 파란색의 楚(초)는 ② ☐☐ 의 초나라를 뜻한다.

**5** 빈칸을 채우며 이 글의 내용을 정리해 보세요.

핵심
정리

진나라가 망한 뒤 중국을 차지하기 위해 ① ☐☐ 과 항우가 전쟁을 벌였다.

⬇

유방은 마지막 전투에서 초나라 노래를 이용해 항우가 스스로 목숨을 끊게 했다.

⬇

결국 유방이 중국을 통일했고, ② ☐ 나라의 황제가 되었다.

## 어휘 학습

**6** 낱말의 알맞은 뜻을 찾아 선으로 이어 보세요.

어휘
복습

(1) 압도 •

(2) 항복 •

(3) 포로 •

• ① 전쟁터에서 사로잡은 적.

• ② 뛰어난 힘이나 재주로 남을 눌러 꼼짝 못 하게 함.

• ③ 적이나 상대편의 힘에 눌려 패배를 인정하고 무릎을 꿇음.

**7** 빈칸에 들어갈 알맞은 낱말을 보기 에서 찾아 문장을 완성해 보세요.

어휘
적용

보기　 으스대다　　　　영웅호걸　　　　궁지　　　　번영

(1) 경찰은 도둑이 더는 도망치지 못하도록 ＿＿＿＿＿＿＿로 몰았다.
　　　　　　　　　　ㄴ 더는 어려움을 벗어날 수 없는 상태나 처지.

(2) 반란군을 몰아내기 위해 이름난 ＿＿＿＿＿＿＿들이 임금 앞에 모여들었다.
　　　　　　　　　　ㄴ 영웅과 호걸을 아우르는 말. 재능이 뛰어나고 용맹한 사람을 뜻함.

# 18 사마천, 최고의 역사책 《사기》를 짓다

사마천의 《사기》는 세계에서 손꼽히는 역사책이래. 사마천은 어떤 이유로 《사기》를 썼을까?

 인물 사전

**사마천**
(기원전 145년 ~ 기원전 86년?)
중국 한나라 시대에 살았던 역사가야. 역사책 《사기》를 지은 사람으로 유명해.

| 교과서 핵심어 | ★사마천　★한나라　★중국　★사기 |

　사마천은 한나라 때 역사를 기록하는 일을 맡은 관리였어. 사마천의 아버지도 역사를 기록하는 관리였지. 사마천의 아버지에게는 중국의 역사를 정리해 책으로 만들겠다는 꿈이 있었지만, 끝내 이루지 못했어. 아버지는 자신이 못다 한 일을 사마천이 끝마치길 바랐지.

　"아들아! 내가 이루지 못한 꿈을 꼭 이뤄다오."

　"흑흑, 아버지! 제가 반드시 중국 최고의 역사책을 만들게요!"

　아버지가 세상을 떠날 때, 사마천은 눈물을 흘리며 꼭 아버지의 꿈을 이루겠다고 다짐했어.

　그리고 여러 해가 흘렀어. 한번은 한나라에서 전쟁에 나갔던 장군이 적에게 항복하는 일이 있었지. 이 소식을 들은 황제는 불같이 화를 냈어.

　"괘씸하도다! 죽을 때까지 싸우지 않고 감히 적에게 무릎을 꿇다니."

　이때 사마천이 나서서 장군을 감쌌어.

　"장군이 싸우다 보면 질 수도 있는 것 아니겠습니까?"

　"뭐라고? 그러면 적에게 항복한 게 잘한 일이란 말이냐? 사마천을 당장 감옥에 가둬라!"

　황제는 사마천이 자신의 눈치를 보지 않고 장군을 감싼 것이 몹시 괘씸했어. 감옥에 가두는 것만으로도 화가 풀리지 않자, 얼마 후 사마천에게 궁형을 받으라고 명령을 내렸지.

　궁형은 생식기❶를 잘라내는 벌이야. 너무나도 수치❷스러운 벌이어서, 궁형을 받느니 차라리 죽는 게 낫다고 생각하는 사람이 많았어.

　'아니야! 나에게는 할 일이 남아 있어. 수치스럽더라도 꼭 살아야만 해.'

---

❶ 생식기(生날 생. 殖불릴 식. 器그릇 기) 새로운 생명체를 낳는 데 쓰이는 몸의 한 부분. ❷ 수치(羞부끄러울 수. 恥부끄러울 치) 다른 사람을 볼 낯이 없거나 스스로 떳떳하지 못함.

반드시 아버지의 뜻을 이어 중국 최고의 역사서를 만들겠어!

사마천은 아버지의 바람을 이뤄야만 했어. 그래서 궁형을 받기로 했지. 사람들은 그런 사마천을 보고 자존심도 없다며 비웃었어.❸

'상관없어. 이제부터 중국 최고의 역사책을 만들 것이다.'

사마천은 절치부심하며 중국 역사를 정리하는 일에 파고들었어.❹ 멀쩡하지 않은 몸을 이끌고 중국을 돌며 오래된 기록들을 하나하나 모았지. 신발은 다 닳아버리고 밥은 굶기 일쑤였어. 옛날 역사책을 밤새워 보느라 눈도 점점 침침해졌지.❺

그러자 사람들은 사마천을 달리 보기 시작했어.

"그런 수치스러운 일을 겪고도 저렇게 열심이라니, 대단하군!"

그렇게 15년 가까운 시간이 흘렀어. 사마천은 먼 옛날부터 사마천이 살던 한나라 시대까지의 중국 역사를 모두 담은 역사책 《사기》를 완성했지. 《사기》는 중국을 다스렸던 왕들에게 일어났던 여러 사건들, 영웅호걸의 이야기와 그 밖의 주요 인물, 중국의 온갖 제도를 다루었는데, 모두 합쳐 130권이나 되었지. 사마천은 황제의 눈치를 보지 않고 솔직하고 공정하게 역사를 써냈어.❻ 그래서 훗날 《사기》는 세계에서도 손꼽히는 훌륭한 역사책이 되었지. 우리나라의 역사책 《삼국사기》가 바로 《사기》를 본떠 만든 책이야.

 역사 사전

《사기》

(史역사 사. 記기록할 기) 중국 한나라 시대에 사마천이 지은 역사책이야. 중국의 시작부터 사마천이 살았던 한나라 무제 때까지의 역사를 다루고 있어.

❸ 자존심(自스스로 자. 尊높을 존. 心마음 심) 남에게 굽히지 아니하고 자신의 품위를 스스로 지키려는 마음. ❹ 절치부심(切끊을 절. 齒이 치. 腐상할 부. 心마음 심) 몹시 분하여 이를 갈며 속을 썩임. ❺ 침침하다 눈이 어두워 물건이 똑똑히 보이지 않고 흐릿하다. ❻ 공정(公공평할 공. 正바를 정) 어느 한쪽으로 치우치지 않고 올바름.

**1** 이 글을 읽고 알맞은 내용에 선을 그어 중심 문장을 완성해 보세요.

중심
내용

사마천은

① 왕의 명령을 받아

② 아버지의 뜻을 이어

《사기》라고 불리는 중국 최고의

③ 역사책을 만들었다.

④ 백과사전을 만들었다.

**2** 이 글의 사마천에 대한 설명과 일치하면 ○표, 일치하지 않으면 ✕표 해 보세요.

인물
이해

(1) 사마천은 한나라의 관리였다. ( )

(2) 사마천은 《사기》를 1년 만에 완성했다. ( )

(3) 사마천은 궁형을 받지 않고 죽음을 선택하였다. ( )

(4) 사마천은 역사책을 쓰지 않아 황제의 눈 밖에 났다. ( )

**3** 이 글의 《사기》에 대한 설명으로 알맞은 것을 골라 보세요. ( )

내용
이해

① 모두 합쳐서 100권이 넘지 않는다.

② 우리나라의 역사책 《삼국사기》를 본떠 만든 책이다.

③ 중국의 시작부터 한나라가 세워지기 전까지의 역사를 다루었다.

④ 중국의 왕들에게 일어났던 사건과 영웅호걸의 이야기, 각종 제도를 기록하였다.

**4** 이 글을 영화로 만들었어요. 영화에 들어갈 장면으로 알맞지 <u>않은</u> 것을 골라 보세요.

내용
적용

( )

① 바른말을 하다 황제의 미움을 받은 사마천

② 돈을 내고 궁형을 피하는 사마천

③ 최고의 역사책을 만들겠다고 결심하는 사마천

④ 15년 만에 《사기》를 완성한 사마천

## 5 빈칸을 채우며 이 글의 내용을 정리해 보세요.

핵심
정리

| 《① ☐ ☐》 | | |
| --- | --- | --- |
| 지은이 | ② ☐ ☐ ☐ | |
| 내용 | 중국의 시작부터 한나라 때까지의 역사 | |
| 특징 | 오늘날 세계에서 손꼽히는 최고의 역사책 중 하나 | |

 어휘 학습

## 6 낱말의 알맞은 뜻을 찾아 선으로 이어 보세요.

어휘
복습

(1)　수치　•

(2)　공정　•

(3)　자존심　•

• ① 어느 한쪽으로 치우치지 않고 올바름.

• ② 다른 사람을 볼 낯이 없거나 스스로 떳떳하지 못함.

• ③ 남에게 굽히지 아니하고 자신의 품위를 스스로 지키려는 마음.

## 7 대화를 읽고 빈칸에 알맞은 낱말을 써 보세요.

어휘
적용

선애: 다들 준비됐지? 이번에는 꼭 우리 팀이 이겨야 해!

하다: 그럼! 이번 축구 대회 우승은 우리 거야!

선애: 지난 경기 때는 반칙 때문에 억울하게 졌지만, 올해는 어림도 없어. 일 년 동안

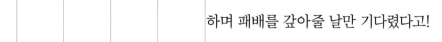 하며 패배를 갚아줄 날만 기다렸다고!

하다: 그게 무슨 말이야?

선애: '몹시 분해서 이를 갈며 속을 썩인다'는 뜻이야. 억울한 일을 겪은 뒤, 복수하거나 다시 일어설 결의를 다질 때 쓰는 말이지.

# 19

# 장건, 비단길을 열다

인물 사전

**장건**
(?년 ~ 기원전 114년)
중국 한나라 때 활동한 여행가이자 외교관이야. 장건의 여행으로 비단길이 만들어졌지.

| 교과서 핵심어 | ★장건 ★한나라 ★서역 ★비단길 |

한나라는 북쪽에 사는 흉노 때문에 머리가 아팠어. 흉노는 말을 잘 타는 이민족[1]이었는데, 한나라에 자주 쳐들어와 마을을 약탈하곤 했거든.

"흉노를 물리칠 좋은 방법이 없겠느냐?"

"폐하, 월지라는 나라가 흉노에게 져서 멀리 서쪽으로 쫓겨났다고 합니다."

"그렇다면 월지도 우리처럼 흉노와 사이가 나쁘겠구나."

한나라 황제는 월지와 힘을 합쳐 흉노와 싸우면 되겠다고 생각했어. 그래서 월지로 사신[2]을 보내기로 했지. 하지만 월지까지 가려면 모래뿐인 사막과 높은 산을 지나야 했어. 게다가 월지가 정확히 사막 너머 어디에 있는지 아는 사람도 없었지. 그래서 사신이 되겠다고 나서는 사람이 없었어.

"제가 가겠습니다."

그때, 젊은 신하 장건이 용감하게 손을 들었어. 장건은 중국 서쪽에 있다는 머나먼 월지를 향해 조심스레 여행길에 올랐지.

"게 섰거라! 어디로 가려 하느냐?"

하지만 장건은 금방 흉노에게 붙잡히고 말았어. 장건은 흉노의 포로가 되어 십 년 넘게 붙들려 있어야만 했지. 흉노 여자를 아내로 맞아 아이를 낳기까지 했어. 하지만 장건은 단 하루도 자신이 맡은 일을 잊은 적이 없었어.

장건은 흉노의 감시[3]가 느슨한 틈을 타 몰래 빠져나왔어. 그리고 다시 여행을 계속한 끝에 간신히 월지 사람들이 사는 곳을 찾아냈지.

"만세! 드디어 월지에 도착했다!"

그런데 월지 사람들은 흉노와 싸울 생각이 전혀 없었어. 새롭게 자리 잡은 곳이 살기 편했거든.

---

❶ 이민족(異다를 이. 民백성 민. 族겨레 족) 언어와 전통. 습관이 다른 민족. ❷ 사신(使시킬 사. 臣신하 신) 임금이나 국가의 명령을 받고 나라를 대표해 외국에 간 신하. ❸ 감시(監볼 감. 視볼 시) 단속하기 위하여 주의 깊게 살핌.

"그냥 돌아가시죠. 우리는 더 이상 흉노와 싸움을 벌일 생각이 없습니다."

장건이 아무리 이야기해도 월지 사람들은 귀담아듣지 않았어. 결국, 장건은 얻은 것 없이 한나라로 돌아갈 수밖에 없었지.

하지만 장건의 고생은 헛되지 않았어. 장건이 갔던 길을 따라 서역으로 가는 길이 열렸거든. 이 길을 지나 서역의 물건이 한나라로 들어오고, 한나라의 물건이 서역으로 퍼졌어. 중국의 특산물인❹ 비단도❺ 이 길을 거쳐 멀리 로마까지 팔렸지. 그래서 이 길을 '비단길'이라고 불렀어.

비단길을 오간 건 물건뿐만이 아니었어. 서역과 중국의 문화도 이 길을 거쳐 서로에게 전해졌지. 인도의 불교는 비단길을 거쳐 중국으로 전해졌고, 중국의 종이 만드는 기술은 비단길을 지나 유럽에 널리 퍼졌어. 이후로도 비단길은 수천 년 동안 유럽과 아시아를 잇는 무역로로서❻ 역사에 이름을 남겼어.

**지리 사전**

**서역**

중국의 서쪽 지역을 통틀어 이르는 말이야. 대개 오늘날 중앙아시아 지역을 가리켜.

❹ 특산물(特특별할 특. 産낳을 산. 物물건 물) 어떤 지역에서 나는 특별한 물건. ❺ 비단(緋비단 비. 緞비단 단) 누에고치에서 뽑은 실로 짠 천. 광택이 나며 가볍고 부드러움. ❻ 무역로(貿바꿀 무. 易바꿀 역. 路길 로) 지역과 지역 사이에 서로 물건을 팔거나 바꿀 때 이용하는 길.

**1** 이 글을 읽고 알맞은 내용에 선을 그어 중심 문장을 완성해 보세요.

중심
내용

장건이

① 월지에 사신으로
다녀온 길은

② 월지에 공부하러
다녀온 길은

③ 황금길
이라고 불리는

④ 비단길이라고
불리는

중요한
무역로가
되었다.

**2** 이 글의 장건에 대한 설명으로 알맞은 것에 <u>모두</u> ○표 해 보세요.

인물
이해

① 한나라의
황제였다.

② 서역으로 가는
길을 열었다.

③ 월지로 가다가
흉노의 포로가 되었다.

**3** 이 글을 읽고 밑줄 친 이 길에 대한 설명으로 알맞지 <u>않은</u> 것을 골라 보세요. (          )

내용
이해

> 용선생: <u>이 길</u>은 서역과 중국 사이에 난 길로, 수많은 상인이 오갔던 무역로였어.

① '비단길'이라 부르기도 한다.
② 이 길을 거쳐 인도의 불교가 중국으로 전해졌다.
③ 중국의 비단은 이 길을 통해 멀리 로마까지 팔렸다.
④ 유럽은 이 길을 통해 종이 만드는 기술을 중국으로 퍼뜨렸다.

**4** 이 글의 장건이 쓴 일기예요. 이 글의 내용과 일치하지 <u>않는</u> 것을 골라 보세요. (          )

내용
적용

> **드디어 한나라로 돌아오다!**
>
> 날짜: ○○년 ○○월 ○○일    날씨: 조금 흐림
>
> ① 한나라 사신으로 월지에 가면서 온갖 고생을 했다. ② 중간에 흉노에게 붙잡히는 바람에 시간을 많이 끌었지만, 다행히 도망쳐 월지에 도착했다. ③ 흉노를 물리치기 위해 월지와 힘을 합치게 되어 기뻤다. 게다가 ④ 다시 무사히 한나라로 돌아오게 되어 다행이다.

**5** 빈칸을 채우며 이 글의 내용을 정리해 보세요.

핵심
정리

한나라는 흉노를 물리치기 위해 ① ⬜⬜ 을 월지에 사신으로 보냈다. 그는 월

지로 가는 길에 흉노에게 붙잡혔지만, 몰래 탈출해 간신히 월지에 도착하였다. 한나라는 월

지와 힘을 합치지 못했지만, 그가 다녀온 길은 훗날 유럽과 아시아를 잇는 무역로가 되었

다. 이 길은 ② ⬜⬜⬜ 이라 불렸다.

## 어휘 학습

**6** 낱말의 알맞은 뜻을 찾아 선으로 이어 보세요.

어휘
복습

(1) 사신 •

(2) 비단 •

(3) 이민족 •

• ① 언어와 전통, 습관이 다른 민족.

• ② 임금이나 국가의 명령을 받고 나라를 대표해 외국에 간 신하.

• ③ 누에고치에서 뽑은 실로 짠 천. 광택이 나며 가볍고 부드러움.

**7** 빈칸에 들어갈 알맞은 낱말을 보기 에서 찾아 문장을 완성해 보세요.

어휘
적용

보기        감시        특산물        무역로

(1) 우리 동네의 _____은 사과야.
    ∟ 어떤 지역에서 나는 특별한 물건.

(2) 죄수는 온종일 감옥에 갇혀 엄한 _____를 받았다.
    ∟ 단속하기 위하여 주의 깊게 살핌.

(3) 그 길은 오래된 _____로, 중국의 차와 서역의 말이 오갔다.
    ∟ 지역과 지역 사이에 서로 물건을 팔거나 바꿀 때 이용하는 길.

# 늦대 젖을 먹고 자란 로물루스, 로마를 세우다

온 유럽을 다스렸던 로마 제국은 어떻게 시작되었을까?

### 인물 사전

**로물루스**
(기원전 771년? ~ 기원전 716년?)
로마를 세웠다고 알려진 전설 속 영웅이야. 사진에서 앞에 있는 사람이 로물루스, 뒤에 있는 사람이 레무스지.

| 교과서 핵심어 | ★로물루스 ★레무스 ★유럽 ★로마 |

아주 먼 옛날 유럽의 한 왕국에 아름다운 공주가 살았어. 전쟁의 신 마르스는 공주를 보고 그만 첫눈에 반하고 말았지. 공주는 마르스와 사랑에 빠져 쌍둥이 아들을 낳았어.

"응애~ 응애~."

쌍둥이 형제의 이름은 로물루스와 레무스였어. 건강하고 다부져 보이는 아기였지. 하지만 왕은 쌍둥이를 불안한❶ 눈으로 바라봤어. 왜냐하면 왕은 공주의 아버지를 밀어내고 왕위를 강탈한❷ 사람이었거든. 왕은 쌍둥이가 크면 빼앗긴 왕위를 되찾으려 할까 봐 두려웠지. 그래서 공주 몰래 시종❸을 불러 명령했어.

"여봐라! 로물루스와 레무스를 아무도 모르게 없애라!"

그러나 시종은 차마 갓난아기를 직접 죽일 수 없었어. 대신 바구니에 넣어서 강물에 떠내려 보냈지.

강물에 한참을 떠내려가던 로물루스와 레무스를 발견한 건 사람이 아니라 늑대였어. 그런데 이 늑대는 쌍둥이를 잡아먹지 않고 오히려 젖을 먹여 키웠지. 마치 자신의 새끼처럼 말이야.

그러던 어느 날, 양치기가 숲속에서 로물루스와 레무스를 발견했어.

'아니, 아이들이 늑대의 젖을 먹고 있다니!'

보통 일이 아니라고 생각한 양치기는 아이들을 데려다 길렀어.

로물루스와 레무스는 무럭무럭 자라서 멋진 어른이 되었어. 그리고 힘을 키워 어린 시절 자신들을 죽이려

---

❶ 불안(不아니 불, 安편안할 안) 마음이 편하지 않고 조마조마함. ❷ 강탈(强강할 강, 奪빼앗을 탈) 남의 물건이나 권리를 강제로 빼앗음. ❸ 시종(侍모실 시, 從따를 종) 임금이나 귀족 옆에서 여러 가지 일을 돌보는 사람.

고 했던 왕을 내쫓았지.

"더 좋은 곳에 새로운 나라를 세울 것이다. 우리를 따르라!"

복수를 끝낸 형제는 자신들을 따르는 사람들과 함께 새로운 나라를 세우려고 했어. 그러나 형인 로물루스와 동생인 레무스는 어디에 나라를 세울지를 두고 뜻이 갈렸지.

"나 로물루스는 늑대가 우리를 키워준 언덕에 나라를 ❹건국할 것이다!"

"홍, 형님은 제멋대로라니까!"

다툼 끝에 두 사람은 각자 다른 곳에 나라를 세우게 되었어. 형 로물루스는 자신의 이름을 따서 나라의 이름을 '로마'라고 지었지.

로마는 처음에는 아주 작고 별 볼 일 없는 마을이었어. 하지만 주변 여러 나라와 자주 ❺교류하며 크게 발전했고, 훗날 전 유럽을 ❻지배하는 큰 나라로 성장했지.

🧭 **지리 사전**

**로마**
오늘날 이탈리아의 수도야. 로마 제국이 시작된 중심 도시이기도 해.

---

❹ 건국(建세울 건. 國나라 국) 나라를 세움. ❺ 교류(交사귈 교. 流흐를 류) 문화나 사상 등이 서로 오감. ❻ 지배(支지탱할 지. 配짝 배) 어떤 사람이나 집단. 조직. 사물 등을 자기 뜻대로 복종하게 하여 다스림.

**1**

중심
내용

이 글의 중심 내용으로 알맞은 것에 ○표 해 보세요.

① 로마가 세워진
이야기

② 버림받은 형제의
복수

③ 인간과 신의 사랑
이야기

**2**

인물
이해

이 글의 인물들에 대한 설명으로 알맞은 것을 골라 보세요. (          )

① 로물루스와 레무스는 양치기의 아들로 태어났다.

② 로물루스와 레무스는 사이가 좋아서 평생 같이 지냈다.

③ 로물루스와 레무스는 어린 시절 늑대에게 죽을 뻔하였다.

④ 로물루스와 레무스는 자신을 죽이려던 왕을 내쫓아 복수했다.

**3**

내용
이해

이 글의 내용과 일치하면 ○표, 일치하지 않으면 X표 해 보세요.

(1) 로마는 로물루스와 레무스 형제가 함께 세운 나라다.                      (          )

(2) 로마라는 이름은 로물루스의 이름을 따서 지은 것이다.                     (          )

(3) 로마는 처음부터 아주 크고 강한 나라로 이름을 떨쳤다.                     (          )

(4) 로마는 주변 지역과 교류하며 발전했고, 훗날 유럽을 다스리는 큰 나라가 되었다. (          )

**4**

자료
해석

이 글을 읽고 빈칸에 들어갈 말로 알맞은 것을 골라 보세요.　(          )

이 동상은 로마의 건국 신화에 등장하는 로물루스와 레무스의 어린 시절을 표현한 것입니다. 버려진 두 형제는 [          ]의 젖을 먹으며 자랐다고 하는데요. 그래서 로마 사람들은 [          ]를 로마의 상징으로 여겼다고 합니다.

① 늑대　　　　　　② 여우　　　　　　③ 염소　　　　　　④ 사자

**5** 빈칸을 채우며 이 글의 내용을 정리해 보세요.

핵심
정리

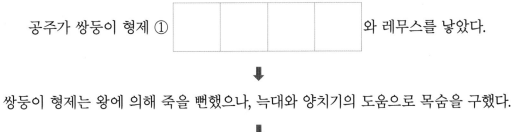

공주가 쌍둥이 형제 ① ⬜⬜⬜⬜ 와 레무스를 낳았다.

⬇

쌍둥이 형제는 왕에 의해 죽을 뻔했으나, 늑대와 양치기의 도움으로 목숨을 구했다.

⬇

청년이 된 쌍둥이 형제는 왕을 내쫓고 각자 나라를 세웠다. 쌍둥이 중 형이 세운

② ⬜⬜ 는 점차 발전하여 이후 대제국으로 성장하게 되었다.

## 어휘 학습

**6** 낱말의 알맞은 뜻을 찾아 선으로 이어 보세요.

어휘
복습

(1) 시종 •

(2) 건국 •

(3) 교류 •

• ① 나라를 세움.

• ② 문화나 사상 등이 서로 오감.

• ③ 임금이나 귀족 옆에서 여러 가지 일을 돌보는 사람.

**7** 밑줄 친 낱말의 알맞은 뜻을 골라 번호를 써 보세요.

어휘
적용

| 지배<br>(支지탱할 지<br>配짝 배) | ① 어떤 사람이나 집단, 조직, 사물 등을 자기 뜻대로 복종하게 하여 다스림.<br>예 우리는 오랫동안 외국의 **지배**를 받았다.<br>② 외부의 요인이 사람의 생각이나 행동에 적극적으로 영향을 미침.<br>예 사람은 환경의 **지배**를 받는다. |
|---|---|

(1) 동물뿐만 아니라 사람도 본능의 지배를 받는다. ( )

(2) 임금은 무시무시한 폭력과 공포로 나라 사람들을 지배했다. ( )

▶ 정답 17쪽

# 핵심어로 비밀 숫자 찾기!

🔍 각각의 빈칸에 들어갈 핵심어를 글자판에서 찾아 색칠하고 숨겨진 비밀 숫자를 써 보세요.

❶ 중국을 최초로 통일한 진나라 ○○○는 가혹한 통치로 백성을 괴롭혔어.

❷ 진나라가 멸망한 뒤, ○○은 항우와의 싸움에서 승리를 거두고 한나라를 세웠어.

❸ 진나라의 시황제는 북쪽 오랑캐의 침입을 막기 위해 ○○○○을 짓기 시작했어.

❹ 한나라의 역사가 사마천은 세계에서 손꼽히는 역사서 《○○》를 지었어.

❺ 로마를 세운 ○○○○는 어렸을 때 늑대의 젖을 먹고 자란 걸로 전해지지.

❻ ○○○은 한나라의 외교관 장건이 처음 개척한 동서 무역로야. 중국 특산물 비단이 이 길을 통해 로마까지 전해졌지.

| 월 | 만 | 분 | 시 | 황 | 제 |
|---|---|---|---|---|---|
| 지 | 리 | 서 | 제 | 항 | 로 |
| 사 | 장 | 갱 | 사 | 기 | 물 |
| 면 | 성 | 유 | 통 | 로 | 루 |
| 초 | 유 | 장 | 일 | 마 | 스 |
| 가 | 방 | 건 | 비 | 단 | 길 |

▶비밀 숫자는 바로 _____!

큰일이야, 로마가 위기에 빠졌대!
과연 어떤 사건이 일어났는지 같이 알아볼까?

# 5주

| 기원전 108년 | 기원전 57년 |
| --- | --- |
| 고조선 멸망 | 신라 건국 |

| 기원전 510년 | 기원전 218년 | 기원전 73년 | 기원전 49년 | 기원전 47년 |
| --- | --- | --- | --- | --- |
| 로마 공화정 성립 | 한니발, 로마 공격 | 스파르타쿠스의 반란 | 카이사르, 로마 권력 장악 | 클레오파트라, 이집트의 파라오가 됨 |

# 21

# 로마에서 공화정이 탄생하다

로마 사람들이 왕을 몰아내고 공화정을 시작했대! 그런데 공화정이 뭐지?

| 교과서 핵심어 | ★로마 ★원로원 ★공화정 |

로마에 몹시 탐욕스러운[1] 왕이 있었어. 이 왕은 다른 사람들을 우습게 여겼고, 그의 아들인 왕자도 제멋대로였지.

어느 날, 왕자는 루크레티아라는 아름다운 귀부인[2]에 대한 소문을 들었어. 왕자는 궁금해졌지.

'루크레티아라는 여자가 정말 그렇게 아름답다는 말인가?'

왕자는 한밤중에 말을 달려 루크레티아를 보러 갔어. 그리고 첫눈에 반했지. 왕자는 자신의 정체[3]를 드러내고 루크레티아를 협박[4]했어.

"나는 왕자다. 오늘 너와 하룻밤을 보내려고 한다."

"왕자님, 저에게는 남편이 있습니다."

"내 말을 어긴다면 너와 네 남편 모두 무사하지 못할 것이다!"

루크레티아는 가족까지 죽이겠다는 협박에 왕자의 뜻을 따를 수밖에 없었어.

왕을 몰아내자!

다음날, 루크레티아는 부모와 남편, 친척들을 모두 불러 모았지.

"왕자가 한밤중에 찾아와 나를 협박했습니다. 여러분, 제 원수를 꼭 갚아 주십시오."

루크레티아는 날카로운 칼을 꺼내 자신의 가슴 깊숙이 찔렀어. 누가 말릴 틈도 없었지. 뜻밖의 죽음에 모든 로마인이 분노했어.

"왕자가 아름다운 루크레티아를 죽인 거나 마찬가지야! 왕을 몰아내자!"

분노한 로마인들은 똘똘 뭉쳐 왕궁으로 쳐들어

---

❶ 탐욕(貪탐낼 탐, 慾욕심 욕) 지나친 욕심. ❷ 귀부인(貴귀할 귀, 婦아내 부, 人사람 인) 신분이 높거나 재산이 많은 집안의 부인. ❸ 정체(正바를 정, 體몸 체) 참된 본래의 모습. ❹ 협박(脅위협할 협, 迫핍박할 박) 겁을 주고 압력을 가해 억지로 어떤 일을 하게 함.

갔어. 결국 왕자는 처형 당하고 왕은 멀리 쫓겨났지. 하지만 왕을 쫓아낸 로마인

들은 앞으로의 일이 걱정이었어.

"다른 왕을 모셔도 또 이런 일이 생길 것 아닌가?"

"그러니 우리 로마를 여러 사람이 함께 다스리는 나라로 만듭시다."

로마인들은 더 이상 왕을 모시지 않고 나라를 잘 다스릴 만한 사람을 투표로

뽑기로 했어. 투표에서 표를 많이 받은 사람은 로마의 지도자가 되어 나랏일을

맡아보고 군대를 지휘했지.

"그런데 지도자가 한 사람이면 왕이나 다를 게 없잖아요?"

"그럼 한 명이 아니라 두 명을 뽑읍시다. 그리고 1년마다 다시 투표를 해서 지

도자를 바꾸도록 하죠."

"그리고 나라의 중요한 일은 높은 귀족들이 모여 있는 원로원에서 정하기로

해요."

이렇게 로마는 왕이 없는 나라로 새 출발을 했어. 로마처럼 왕이 나라의 권력

을 독점하지 않고 여러 사람이 힘을

모아 나라를 다스리는 정치

제도를 공화정이라고 해.

공화정으로 나라를 다스

리게 된 로마는 유능한 지

도자가 잇따라 등장하며 힘

이 쑥쑥 커졌고, 주변에서

제일가는 나라가 되었지.

 역사 사전

**공화정**

(共함께 공. 和화할 화. 政다스
릴 정) 한 명의 왕이나 군주
가 나라를 다스리지 않고, 여
러 명의 지도자들이 나랏일
을 나누어 맡는 정치 제도야.
오늘날에는 국민이 선출한
지도자가 나라를 다스리는 '
민주 정치'와 비슷한 의미로
쓰여.

**원로원**

(元으뜸 원. 老늙을 로. 院집
원) 공화정이 된 후 로마에서
중요한 나랏일을 상의하고
결정하던 곳이야. 원로원은
사회적으로 존경 받는 높은
귀족 수백 명이 모여 있는 곳
이었지.

---

❺ 처형(處곳 처. 刑벌 형) 형벌에 처함. ❻ 투표(投던질 투. 票표 표) 투표 용지에 의사를 표시하여 일정한 곳에 내는 일.
❼ 독점(獨홀로 독. 占차지할 점) 혼자서 모두 차지함. ❽ 유능(有있을 유. 能능할 능) 어떤 일을 남보다 잘하는 능력이 있
음.

**1** 이 글을 읽고 다음 문장에 들어갈 알맞은 말을 골라 ○표 해 보세요.

중심
내용

> 로마의 공화정은 왕 대신에 나라를 잘 다스릴 만한 사람을 ( 투표 / 제비뽑기 )로 뽑아 나랏일을 맡아보게 한 제도다.

**2** 이 글을 읽고 로마 시민들이 왕을 몰아낸 까닭으로 알맞은 것을 골라 보세요. (      )

내용
이해

① 왕자가 전쟁에서 패배했기 때문이다.

② 왕자가 루크레티아를 떠났기 때문이다.

③ 왕자가 루크레티아의 부모님을 죽였기 때문이다.

④ 왕자가 자신의 권력을 마음대로 휘둘렀기 때문이다.

**3** 다음 신문 기사에서 이 글의 내용과 일치하지 <u>않는</u> 것을 골라 보세요. (      )

내용
적용

## ○○ 신문 ═══════════ ○○년 ○○월 ○○일 ═══

### 로마, 공화정으로 새 출발 하다

① 루크레티아의 안타까운 죽음으로 로마에서는 왕이 쫓겨나고 새로운 정치 제도가 들어섰습니다. 이제 왕 대신 ② 투표로 뽑힌 두 명의 지도자가 나라를 다스리게 됩니다. 한번 지도자가 되면 ③ 평생 로마를 다스릴 수 있습니다. 이렇게 ④ 왕 대신 여러 사람이 힘을 모아 나라를 다스리는 제도를 '공화정'이라고 합니다.

**4** 그림을 보고 대화를 나누었어요. 이 글의 내용과 일치하는 것을 골라 보세요. (      )

추론

▲ 원로원의 회의 모습

① 영심: 일어나서 말하고 있는 사람은 로마의 왕일 거야.

② 하다: 로마는 지도자 한 명이 나랏일을 혼자 결정했을 거야.

③ 수재: 투표를 통해 가장 적은 표를 받은 사람을 지도자로 뽑았을 거야.

④ 두기: 나라의 중요한 일은 높은 귀족들이 모여 있는 원로원에서 정했을 거야.

**5** 빈칸을 채우며 이 글의 내용을 정리해 보세요.

핵심
정리

원래 로마는 왕이 다스리는 나라였다.

⬇

왕자의 협박에 루크레티아가 스스로 목숨을 끊자, 로마인들이 분노하여 왕을 쫓아냈다.

⬇

로마인들은 여러 사람이 힘을 모아 나라를 다스리는

새로운 정치 제도인 ☐☐☐ 을 실시했다.

## 어휘 학습

**6** 낱말의 알맞은 뜻을 찾아 선으로 이어 보세요.

어휘
복습

(1) 협박 •

(2) 독점 •

(3) 유능 •

• ① 혼자서 모두 차지함.

• ② 어떤 일을 남보다 잘하는 능력이 있음.

• ③ 겁을 주고 압력을 가해 억지로 어떤 일을 하게 함.

**7** 밑줄 친 낱말의 알맞은 뜻을 골라 번호를 써 보세요.

어휘
적용

| 정체 | ① (正바를 정 體몸 체) 참된 본래의 모습.<br>예 **정체**를 알 수 없는 비행체가 찍혔다.<br>② (停머무를 정 滯막힐 체) 발전하거나 나아가지 못하고 한자리에 머물러 그침.<br>예 경제 성장이 오랫동안 **정체**되자 정부는 대책 마련에 나섰다. |
|---|---|

(1) 도둑의 가면이 벗겨지자 정체가 밝혀졌다. ( )

(2) 명절이라 고속도로마다 차가 가득해 도로 정체가 심하다. ( )

# 22

# 한니발, 로마를 벼랑 끝으로 몰아넣다

강한 나라 로마가
왜 한니발에게
벌벌 떨었을까?
한니발은 엄청 대단한
장군인가 봐!

인물 사전

**한니발**
(기원전 247년 ~ 기원전 183년
전후)

카르타고의 장군이야. 세계
에서 손꼽히는 명장 중 한 명
이야.

| 교과서 핵심어 | ★한니발 ★스키피오 ★로마 ★카르타고 |

로마와 경쟁하던 카르타고라는 나라가 있었어. 카르타고는 로마 못지않게[1] 강한 나라였지. 두 나라는 치열하게[2] 싸웠어. 오랜 전쟁 끝에 카르타고는 끝내 로마에 무릎 꿇었지.[3]

이때 카르타고에 한니발이라는 아이가 있었어. 한니발은 카르타고가 전쟁에서 패배하는 모습을 보며 주먹을 꼭 쥐고 다짐했어.

"로마는 나의 원수다! 나는 언젠가 로마를 무너뜨리고 말 거야!"

자라서 뛰어난 장군이 된 한니발은 카르타고의 군대를 이끌고 로마를 공격하러 나섰어.

"뭐? 한니발이 온다고? 로마로 오는 모든 길을 틀어막아라."

"북쪽의 알프스산맥은 어떻게 할까요?"

"알프스산맥은 높고 험한 산맥이야. 군대를 이끌고는 절대 넘을 수 없을 것이다."

로마군이 모든 길을 다 막았다는 소식에 한니발은 눈을 번뜩였어.

'로마 놈들은 내가 군대를 이끌고 알프스를 넘을 거라곤 생각하지 못하겠지? 그러니 알프스만 넘으면 로마까지 금방 갈 수 있을 거야.'

한니발은 험한 알프스산맥을 넘기 시작했어. 눈보라가 휘몰아치는 험한 산을 넘다가 수많은 병사들이 다치고 목숨을 잃었지. 하지만 로마를 무너뜨리기 위해 모두들 이를 악물었어.

마침내 한니발이 알프스를 넘어 나타나자, 로마인들은 깜짝 놀랐어.

"말도 안 돼! 정말로 그 험한 알프스를 넘었다고?"

허둥지둥[4] 출동한 로마군이 한니발을 막으려 했어. 하지만 용맹한[5] 한니발의 군

---

❶ 못지아니하다 일정한 수준이나 정도에 뒤지지 않다. ❷ 치열(熾불사를 치, 烈세찰 렬) 기세나 세력이 불길처럼 맹렬함. ❸ 무릎 꿇다 항복하거나 굴복하다. ❹ 허둥지둥 다급하게 서두르는 모양. ❺ 용맹(勇날랠 용, 猛사나울 맹) 용감하고 사나움.

대는 가볍게 승리를 거두었지. 이제 로마
는 위태로운⁶ 처지가⁷ 되었어. 이때, 로마의
스키피오 장군이 나섰어.

"한니발을 물러가게 할 좋은 꾀가 있습
니다."

스키피오는 한니발을 직접 상대하지 않
았어. 대신 군대를 이끌고 멀리 카르타고
로 쳐들어갔지. 깜짝 놀란 카르타고 사람
들은 허둥대며 한니발을 불러들였어. 한니발의 군대가 없이는 로마군을 막을 수
가 없었던 거야.

"승리가 바로 눈앞에 있는데, 이대로 돌아가야 하다니!"

한니발은 눈물을 머금고 카르타고로 돌아갔어. 로마인들은 가슴을 쓸어내리
며 안도의⁸ 한숨을 쉬었지.

"휴, 다행이야. 비록 적이었지만, 한니발은 대단한 장군이었어."

로마는 카르타고에서 한니
발같이 뛰어난 장수가 또 나
타날까 봐 두려웠어. 그래서
얼마 후 다시 카르타고에 쳐
들어가 도시를 불태우고 사
람들을 노예로 팔아버렸지.
한때 로마 못지않게 강력한
나라였던 카르타고는 이때
역사에서 완전히 사라지고
말았어.

⑥ 위태하다(危불안할 위, 殆위험할 태) 마음을 놓을 수 없을 만큼 위험하다. ⑦ 처지(處곳 처, 地땅 지) 놓인 사정이나 형편. ⑧ 안도(安편안할 안, 堵담 도) 어떤 일이 잘 진행되어 마음을 놓음.

## 독해 학습

**1**
중심
내용

이 글의 중심 내용으로 알맞은 것을 골라 보세요. (          )

① 로마를 위기에 빠트린 한니발

② 카르타고를 멸망시킨 스키피오

③ 로마를 이긴 강한 나라 카르타고

④ 로마에서 존경과 사랑을 받은 한니발

**2**
인물
이해

이 글의 한니발에 대한 설명으로 알맞은 것을 <u>모두</u> 골라 보세요. (          ,          )

① 로마를 점령하고 불태웠다.

② 카르타고 출신의 장군이었다.

③ 스키피오의 부하였다가 장군으로 성장하였다.

④ 높고 험한 알프스산맥을 넘어 로마를 공격했다.

**3**
내용
이해

이 글의 스키피오가 말한 좋은 꾀로 알맞은 것을 골라 보세요. (          )

> 한니발을 물러가게 할 <u>좋은 꾀</u>가 있습니다!

① 높은 성을 쌓아 한니발의 부대를 막는 것

② 거짓으로 항복을 선언하고 물러나게 만드는 것

③ 밤이 되었을 때 몰래 한니발의 부대를 공격하는 것

④ 한니발과 직접 맞서는 대신 카르타고를 공격하는 것

**4**
지도
읽기

이 글을 읽고 지도 속 두 개의 화살표가 누구의 공격 경로인지 빈칸에 이름을 써 보세요.

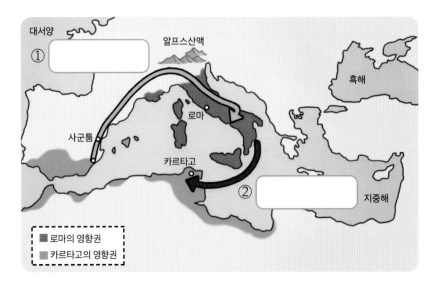

**5**

핵심
정리

알맞은 말을 골라 ○표 하며 이 글의 내용을 정리해 보세요.

카르타고의 장군 ( **한니발은** / **스키피오는** ) 알프스산맥을 넘어 로마를 공격하여 로마를 위기에 빠뜨렸다. 그러나 로마는 ( **한니발** / **스키피오** )의 꾀 덕분에 위기에서 벗어났다. 그 후 다시 공격을 받을까 두려웠던 ( **로마** / **카르타고** )는 ( **로마** / **카르타고** )로 쳐들어가 그 나라를 완전히 멸망시켰다.

 어휘 학습

**6**

어휘
복습

낱말의 알맞은 뜻을 찾아 선으로 이어 보세요.

(1) 처지 •

(2) 위태하다 •

(3) 못지아니하다 •

• ① 놓인 사정이나 형편.

• ② 마음을 놓을 수 없을 만큼 위험하다.

• ③ 일정한 수준이나 정도에 뒤지지 않다.

**7**

어휘
적용

빈칸에 들어갈 알맞은 낱말을 보기 에서 찾아 문장을 완성해 보세요.

보기      치열      허둥지둥      용맹      안도

(1) 나는 늦잠을 자는 바람에 _____ 옷을 입고 학교로 뛰어갔다.
ㄴ, 다급하게 서두르는 모양.

(2) 집 나간 고양이가 무사히 집에 돌아와 _____의 한숨을 내쉬었다.
ㄴ, 어떤 일이 잘 진행되어 마음을 놓음.

# 23 자유를 위해 싸운 검투사 스파르타쿠스

로마의 노예는
어떻게 살았을까?
스파르타쿠스는 왜 노예
반란을 일으켰을까?

**인물 사전**

**스파르타쿠스**
(기원전 111년? ~ 기원전 71년)
고대 로마의 검투사야. 반란
을 일으켜 노예의 자유를 위
해 싸웠어.

| **교과서 핵심어** | ★스파르타쿠스 ★검투사 ★로마 |

로마인들은 노예들이 벌이는 검투사① 경기를 좋아했어. 노예들에게 무기를 들게 한 다음, 커다란 원형 경기장에서 싸우게 하고 누가 이기나 흥미진진하게 지켜봤지.

"와아아! 죽여라! 죽여!"

수많은 노예가 검투사 경기에서 목숨을 잃었어. 검투사 경기는 어느 한쪽이 죽을 때까지 계속됐거든. 로마 시민들은 검투사들이 서로 목숨을 빼앗는 모습을 구경하며 크게 즐거워했지. 검투사들은 로마 시민의 즐거움을 위해 매일매일 목숨을 걸어야 하는 처지였어.

검투사 노예였던 스파르타쿠스는 끝을 알 수 없는 싸움에 지쳤어. 그래서 동료 검투사들을 부추겼지②.

"이대로는 우리 모두 언젠가 비참하게③ 죽을 거야. 노예끼리 싸울 게 아니라, 힘을 합쳐서 자유를 위해 싸우자!④"

"하지만 무슨 수로 도망간다는 건가? 금세 로마군이 몰려올 텐데."

"우리 말고도 사람 대접을 받지 못하는 노예들이 많아. 근처 농장에도, 광산에도 있지. 우리 노예들이 모두 힘을 합치면 아무도 무시할 수 없을 거야."

스파르타쿠스와 검투사 노예들은 반란을 일으켜 경기장을 탈출했어. 그리고 마을 주변을 돌면서 수많은 노예를 끌어모았지. 스파르타쿠스가 탈출시킨 노예들은 어느덧 수백 명에 이르렀어.

마침내 로마군이 출동했어. 하지만 로마군은 스파르타쿠스를 얕잡아 봤어.

"그래봐야 오합지졸⑤ 노예들 아닌가? 강력한 로마군의 상대가 될 리 없지!"

로마군은 노예들이 숨어 있는 산을 꽁꽁 포위했어⑥. 노예들은 크게 당황했지.

---

① 검투사(劍칼 검, 鬪싸울 투, 士사내 사) 전문적으로 칼을 가지고 맞붙어 싸우는 사람. ② 부추기다 남을 이리저리 들쑤셔서 어떤 일을 하게 만들다. ③ 비참(悲슬플 비, 慘혹할 참) 더할 수 없이 슬프고 끔찍함.

"로마군이 우리를 포위했어! 이젠 어쩌지?"

"침착해. 로마군은 우리를 얕잡아 보고 있어. 험한 절벽을 타고 산을 내려가면 로마군이 눈치채지 못할 거야."

스파르타쿠스는 나무의 덩굴을 꼬아서 밧줄을 만들었어. 수많은 노예가 로마군의 눈을 피해 밧줄을 타고 절벽을 내려왔지. 산을 내려온 노예들은 로마군의 등 뒤에서 나타났어.

"아니, 이놈들은 대체 어디서 나타난 거야?"

❼기습을 받은 로마군은 패배하고 도망쳤어. 사람 대접도 못 받던 노예들이 힘을 합쳐서 ❽막강한 로마군을 무찌른 거야. 노예들은 크게 기뻐했지.

"스파르타쿠스 만세!"

"우리도 할 수 있어! 자유를 위해 싸우자!"

노예들이 이겼다는 소식에 로마 곳곳에서 더 많은 노예가 모여들었어. 스파르타쿠스의 반란 세력은 눈덩이처럼 불어났지. 스파르타쿠스의 노예 반란은 이후 2년 동안이나 계속됐고, 그 사이 몇 번이나 더 로마군을 무찌르며 세상을 깜짝 놀라게 했어.

---

❹ 자유(自스스로 자. 由말미암을 유) 무엇에 얽매이지 않고 자기 마음대로 할 수 있는 상태. ❺ 오합지졸(烏까마귀 오. 合모을 합. 之갈 지. 卒병졸 졸) 규율이 없고 무질서한 군중. ❻ 포위(包감쌀 포. 圍에워쌀 위) 주위를 에워쌈. ❼ 기습(奇기이할 기. 襲칠 습) 적이 생각지 못한 때에 갑자기 공격함. ❽ 막강(莫없을 막. 强강할 강) 더할 수 없이 셈.

**1** 이 글을 읽고 알맞은 내용에 선을 그어 중심 문장을 완성해 보세요.

중심
내용

스파르타쿠스는

① 로마의 노예로서
② 로마의 시민으로서

③ 노예 반란을 일으켰다.
④ 나라의 평화를 가져왔다.

**2** 이 글의 스파르타쿠스에 대한 설명으로 알맞지 <u>않은</u> 것을 골라 보세요. (          )

인물
이해

① 검투사 경기를 좋아했다.

② 로마군을 기습해 승리를 거두었다.

③ 무기를 들고 경기장에서 싸우는 일을 했다.

④ 자유를 얻기 위해 동료들과 힘을 합쳐 반란을 일으켰다.

**3** 이 글의 내용과 일치하면 ○표, 일치하지 않으면 ✕표 해 보세요.

내용
이해

(1) 스파르타쿠스의 반란은 2년 동안 계속되었다.                    (          )

(2) 로마에는 사람 취급을 받지 못하는 노예가 많았다.                (          )

(3) 로마군은 처음에는 스파르타쿠스를 얕잡아 보았다.               (          )

(4) 로마의 귀족들은 스파르타쿠스를 로마의 왕으로 모셨다.          (          )

**4** 이 글을 읽고 밑줄 친 검투사 경기에 대한 설명으로 알맞은 것을 골라 보세요. (          )

자료
해석

이곳은 로마의 원형 경기장 '콜로세움'입니다. 5만 명이 넘는 사람이 입장할 수 있는 대형 경기장이죠. 로마인들은 이곳에서 검투사 경기를 즐겼습니다.

① 로마 시민 모두가 검투사로 참여하였다.

② 검투사 경기에서 많은 노예가 목숨을 잃었다.

③ 검투사 경기에서 노예가 죽은 뒤 경기가 금지되었다.

④ 검투사 경기는 인기가 없어서 콜로세움은 늘 텅 비어 있었다.

▶ 정답과 풀이 13쪽

**5** 빈칸을 채우며 이 글의 내용을 정리해 보세요.

핵심
정리

옛날 ① ☐☐ 에는 노예들이 있었다. 노예들은 인간다운 대접을 받지 못하였

다. 노예 중 한 사람인 검투사 ② ☐☐☐☐☐ 는 반란을

일으켰고, 2년 동안 반란을 이어나가며 로마를 놀라게 했다.

## 어휘 학습

**6** 낱말의 알맞은 뜻을 찾아 선으로 이어 보세요.

어휘
복습

(1) 비참 •

(2) 자유 •

(3) 기습 •

• ① 더할 수 없이 슬프고 끔찍함.

• ② 적이 생각지 못한 때에 갑자기 공격함.

• ③ 무엇에 얽매이지 않고 자기 마음대로 할 수 있는 상태.

**7** 밑줄 친 낱말이 잘못 쓰인 문장을 골라 보세요. (        )

어휘
적용

① 그 나라는 막강한 군사력을 가진 나라이다.

② 하다는 두기를 부추겨 함께 여행을 가기로 했다.

③ 콜로세움에 와 보니 옛날 로마 시대의 검투사가 된 것 같다.

④ 훈련이 매우 잘된 오합지졸 군대 덕분에 전쟁에서 승리했다.

# 24 로마의 최고 지도자가 된 카이사르

 인물 사전

**카이사르**
(기원전 100년 ~ 기원전 44년)
로마의 장군이자 정치가야.
로마의 최고 지도자로서 권
력을 한 손에 쥐었지. 훗날
카이사르의 이름은 유럽에
서 '최고 지도자', '황제'를 뜻
하는 말이 되었어.

| 교과서 핵심어 | ★카이사르 ★로마 ★공화정 |
| --- | --- |

로마가 세워진 지 700년 정도 흘렀을 때야. 로마에 카이사르라는 뛰어난 장군이 등장했어. 못하는 게 없는 팔방미인①이었던 카이사르는 야망②이 매우 큰 사람이었어.

'나는 로마에서 가장 높은 사람이 되어 나라를 다스릴 거야.'

카이사르는 패배를 모르는 천재 전략가③였어. 카이사르와 그를 따르는 용맹한 군대는 유럽 곳곳을 거침없이 누비며 로마의 영토를 쭉쭉 늘렸어. 계속되는 승리 소식에 로마 시민들은 모두 환호④했지.

"카이사르 장군이 로마를 다스렸으면 좋겠어. 그럼 우리 로마가 천하무적⑤이 되지 않을까?"

그런데 로마의 귀족들은 카이사르를 좋아하지 않았어.

"카이사르의 인기가 너무 좋아서, 우리 귀족들의 말을 무시해요."

"카이사르가 우리를 몰아내고 로마를 혼자 차지할지도 몰라요."

때마침 카이사르는 군대를 이끌고 먼 나라로 떠나 있었어. 귀족들은 한자리에 모여서 카이사르를 죽일 음모⑥를 꾸몄지.

"좋은 생각이 있어요. 카이사르에게 군대를 놔두고 혼자서 로마로 돌아오라는 명령을 내리는 겁니다. 명령대로 혼자 로마에 온다면 재빨리 붙잡아서 죽이는 거죠."

"만약 명령을 따르지 않으면 어쩌죠?"

"그럼 명령을 거부한 죄로 붙잡아서 죽이는 겁니다."

귀족들은 좋은 생각이라며 고개를 끄덕였어. 곧 로마 귀족들의 명령이 카이사르에게 전해졌지.

---

① 팔방미인(八여덟 팔, 方방위 방, 美아름다울 미, 人사람 인) 여러 방면에서 뛰어난 사람. ② 야망(野들 야, 望바랄 망) 크게 무엇을 이루어 보겠다는 희망. ③ 전략가(戰싸울 전, 略다스릴 략, 家집 가) 전략을 잘 세우는 사람. ④ 환호(歡기쁠 환, 呼부르짖을 호) 기뻐서 큰 소리로 부르짖음.

'귀족들이 나를 죽이려고 음모를 꾸몄구나! 어떡하면 좋지?'

고민에 빠진 카이사르는 자신을 응원하던 로마 시민들의 얼굴을 하나하나 떠올렸어. 그리고 굳게 결심했지. 군대를 이끌고 로마로 쳐들어가 귀족들을 내쫓기로 말이야. 카이사르는 강을 건너 로마로 향하며 힘차게 소리쳤어.

"주사위는 던져졌다!"

카이사르는 이미 던져진 주사위처럼 자신의 결정도 바꿀 수 없다고 선언한 거야. 카이사르가 군대를 이끌고 로마로 쳐들어온다는 소식에 귀족들은 혼비백산❼했어.

"카이사르가 반란을 일으켰다고?"

귀족들은 허겁지겁 군대를 꾸려 카이사르와 맞섰어. 하지만 카이사르의 상대가 되지 못했지.

결국, 카이사르는 로마를 차지했어. 그리고 최고 지도자가 되어 왕처럼 자기 뜻대로 로마를 이끌었지. 이렇게 카이사르가 독재❽를 시작하자, 원래 여러 사람이 함께 나라를 다스리던 로마 공화정은 서서히 무너지기 시작했어.

주사위는
던져졌다!

---

❺ 천하무적(天하늘 천, 下아래 하, 無없을 무, 敵적 적) 세상에 겨룰 만한 적수가 없음. ❻ 음모(陰어두울 음, 謀꾀 모) 나쁜 목적으로 몰래 악한 일을 꾸밈. ❼ 혼비백산(魂넋 혼, 飛날 비, 魄넋 백, 散흩어질 산) 몹시 놀라 정신이 나감. ❽ 독재(獨홀로 독, 裁마를 재) 나라의 권력을 차지하고 자기 마음대로 함.

## 독해 학습

**1** 이 글의 중심 내용으로 알맞은 것을 골라 보세요. (          )

중심
내용

① 로마 공화정을 실시한 카이사르

② 전쟁을 좋아한 정복자 카이사르

③ 로마의 권력을 독차지한 카이사르

④ 로마 시민에게 미움 받은 카이사르


**2** 이 글의 카이사르에 대한 내용과 일치하면 ○표, 일치하지 않으면 X표 해 보세요.

인물
이해

(1) 로마의 장군이었다.                                                               (          )

(2) 로마의 영토를 크게 넓혔다.                                                   (          )

(3) 귀족과 힘을 합쳐 로마를 다스렸다.                                        (          )

(4) 귀족의 바람대로 군대를 놔두고 혼자 로마로 돌아왔다.            (          )


**3** 이 글의 로마 귀족들이 카이사르를 죽이려 한 까닭으로 알맞은 것을 골라 보세요. (          )

내용
이해

① 카이사르가 귀족의 인기를 독차지했기 때문이다.

② 카이사르가 군대를 이끌고 먼 나라로 떠났기 때문이다.

③ 카이사르는 전쟁에서 계속 패배한 실력 없는 장군이었기 때문이다.

④ 카이사르가 귀족을 무시하고 로마를 마음대로 다스릴까 봐 두려웠기 때문이다.


**4** 이 글의 카이사르가 다음과 같이 말한 뒤 일어날 일로 알맞은 것을 골라 보세요. (          )

추론

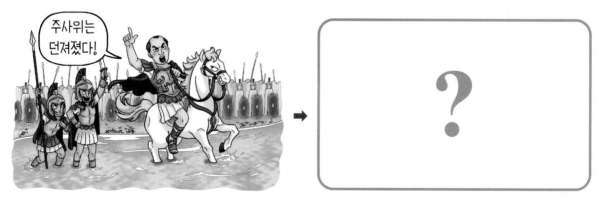

① 카이사르가 로마에 불을 질러 도시를 없애 버렸다.

② 카이사르가 하얀 깃발을 들고 귀족들에게 항복하였다.

③ 카이사르가 귀족과 주사위 던지기 게임을 벌여 승리했다.

④ 카이사르가 반란에 성공하여 로마의 최고 권력자가 되었다.

▶ 정답과 풀이 13쪽

**5** 빈칸을 채우며 이 글의 내용을 정리해 보세요.

핵심
정리

뛰어난 장군이었던 ① ☐☐☐ 는 로마의 영토를 넓혀 로마인들

의 지지를 받았다. 그의 인기가 너무 높아지자 귀족들이 그를 제거할 음모를 꾸몄다. 이를

알아차린 그는 반란을 일으켜 ② ☐☐ 의 최고 지도자가 되었다.

## 어휘 학습

**6** 낱말의 알맞은 뜻을 찾아 선으로 이어 보세요.

어휘
복습

(1) 팔방미인 •

(2) 천하무적 •

(3) 혼비백산 •

• ① 몹시 놀라 정신이 나감.

• ② 여러 방면에서 뛰어난 사람.

• ③ 세상에 겨룰 만한 적수가 없음.

**7** 보기 에서 알맞은 낱말을 찾아 밑줄 친 말을 바꾸어 써 보세요.

어휘
적용

| 보기 | 야망 | 전략가 | 환호 | 음모 | 독재 |
|------|------|--------|------|------|------|

(1) 청년들이여, <u>크게 이루어 보겠다는 희망</u>을 가지십시오!

➡ 청년들이여, (              )을 가지십시오!

(2) <u>나라의 권력을 차지하고 자기 마음대로 하는</u> 대통령은 뽑으면 안 된다.

➡ (              )하는 대통령은 뽑으면 안 된다.

# 25

# 이집트의 마지막 파라오 클레오파트라

와, 이집트에는 여자 파라오도 있었구나! 클레오파트라는 어떤 일을 한 파라오일까?

**인물 사전**

**클레오파트라 7세**
(기원전 69년 ~ 기원전 30년)

이집트의 여성 파라오야. 미모와 뛰어난 외교력을 모두 갖춘 파라오로 알려져 있어.

| **교과서 핵심어** | ★클레오파트라 | ★로마 | ★이집트 | ★파라오 |

로마가 한창 강력한 나라로 커 나갈 무렵, 오랜 역사를 가진 이집트는 서서히 흔들리고 있었어. 전쟁에서도 지고, 어리석은 파라오들이 잇따라 등장하며 나라의 살림살이도 어려워졌지. 이집트의 젊은 파라오 클레오파트라는 나라의 앞날이 늘 걱정이었어.

'이대로 무너질 순 없어. 우리 이집트를 꼭 지키고야 말겠어.'

그런데 클레오파트라에게는 남동생이 있었어. 남동생과 클레오파트라는 이집트의 왕위를 놓고 늘 티격태격하는❶ 사이였지. 왕위 다툼에서 밀린 클레오파트라는 왕위를 빼앗기고 추방❷ 당했어. 동생이 다스리는 이집트는 다시 혼란에 빠졌지. 클레오파트라는 고민에 잠겼어.

'역시 내가 다시 파라오가 되어야 해. 무슨 방법이 없을까?'

때마침 로마의 지도자 카이사르가 이집트를 방문했다는 소식을 들었어. 클레오파트라는 카이사르를 만나고 싶었어. 카이사르가 도와준다면 남동생을 몰아내고 다시 왕위를 되찾을 수 있다고 생각했거든.

'그래! 남동생 몰래 카이사르를 만나 도움을 청하는 거야!'

고민 끝에 클레오파트라는 카이사르에게 줄 선물이라며 고급 양탄자를 준비했어. 그리고 둘둘 말린 양탄자 속에 몸을 숨겼지. 카이사르가 선물로 받은 양탄자를 펼치자, 그 안에 숨어 있던 클레오파트라가 나타났어. 카이사르는 깜짝 놀랐지.

"당신은 도대체 누구요?"

"저는 클레오파트라입니다. 장군님의 도움이 필요해요."

클레오파트라는 남동생을 쫓아내 달라고 부탁했어. 카이사르는 대담한❸ 클레

---

❶ **티격태격하다** 서로 뜻이 맞지 아니하여 이러니저러니 시비를 따지며 가리다. ❷ **추방**(追내쫓을 추. 放내쫓을 방) 일정한 지역이나 조직 밖으로 쫓아냄. ❸ **대담**(大큰 대. 膽쓸개 담) 배짱이 두둑하고 용감함. ❹ **동맹**(同함께 동. 盟약속 맹) 개인이나 단체, 또는 국가가 서로의 이익이나 목적을 위하여 함께 행동하기로 약속함.

오파트라가 마음에 들었지.

'이런 꾀를 쓰다니, 보통 사람이 아니구나. 클레오파트라를 도와주면 좋은 동맹이 되겠어.'

카이사르는 클레오파트라를 도와 클레오파트라의 남동생을 무찔렀고, 그 덕에 클레오파트라는 다시 이집트의 파라오가 되었지. 그리고 이집트는 잠시나마 안정을 되찾았어.

하지만 훗날 카이사르가 로마 귀족들에게 암살 당하자, 이집트와 로마의 동맹은 약해졌어. 결국 로마와 이집트 사이에 전쟁이 일어났지. 이집트는 전쟁에서 졌고, 클레오파트라는 로마에 포로로 끌려갈 처지가 되었어.

"이집트의 마지막 파라오로서 존엄을 지키겠다."

클레오파트라는 로마에 굴복하지 않고 스스로 목숨을 끊었어. 클레오파트라가 죽자, 이집트는 로마의 지배를 받는 나라로 전락하고 말았지.

❺ 암살(暗어두울 암. 殺죽일 살) 몰래 사람을 죽임. ❻ 존엄(尊높일 존. 嚴엄할 엄) 인물의 지위가 높고 엄숙함. ❼ 굴복(屈굽힐 굴. 服엎드릴 복) 머리를 숙이고 엎드림. ❽ 전락(轉구를 전. 落떨어질 락) 나쁜 상태에 빠짐.

**1** 이 글의 중심 내용으로 알맞은 것을 골라 보세요. (        )

중심
내용

① 이집트와의 전쟁에서 진 로마

② 이집트와 동맹을 맺은 카이사르

③ 이집트의 파라오가 된 클레오파트라

④ 누나에게 왕위를 빼앗긴 클레오파트라의 동생

**2** 이 글을 읽고 빈칸에 들어갈 인물의 이름을 써 보세요.

인물
이해

| 이집트의 여자 파라오 | 꾀를 써서 카이사르를 만남. |

|  |  |  |  |  |  |

| 동생에게 파라오의 자리를 빼앗김. | 카이사르의 도움을 받아 동생을 무찌름. |

**3** 이 글을 읽고 클레오파트라가 카이사르를 만나려고 한 까닭으로 알맞은 것을 골라 보세요.

내용
이해

(        )

① 동생을 죽인 카이사르를 없애기 위해서

② 카이사르에게 반하여 카이사르와 결혼하기 위해서

③ 카이사르의 힘을 이용하여 파라오의 자리를 되찾기 위해서

④ 이집트의 특산물인 양탄자를 카이사르에게 소개하기 위해서

**4** 이 글을 영화로 만들었어요. 영화에 들어갈 장면으로 알맞지 <u>않은</u> 것을 골라 보세요.

내용
적용

(        )

① 클레오파트라의
남동생이 왕위를
빼앗는 장면

② 클레오파트라와
카이사르가 동맹을
맺는 장면

③ 남동생을 내쫓고
다시 이집트의
파라오가 된
클레오파트라의 모습

④ 클레오파트라가
카이사르의 칼에
찔려 목숨을
잃는 장면

**5** 알맞은 말을 골라 ○표 하며 이 글의 내용을 정리해 보세요.

핵심
정리

( 이집트 / 로마 )의 왕위에서 쫓겨나 위기에 빠진 클레오파트라는 ( 이집트 / 로마 )의 장군 카이사르와 ( 동맹을 맺어 / 전쟁을 벌여 ) 이집트의 왕위를 되찾고 나라의 안정을 가져왔다. 그러나 카이사르가 암살 당한 뒤 두 나라의 관계는 나빠졌고 전쟁이 일어났다. 전쟁에서 진 ( 이집트 / 로마 )는 ( 이집트 / 로마 )의 지배를 받게 되었다.

## 어휘 학습

**6** 낱말의 알맞은 뜻을 찾아 선으로 이어 보세요.

어휘
복습

(1) 추방 •　　　　• ① 나쁜 상태에 빠짐.

(2) 동맹 •　　　　• ② 일정한 지역이나 조직 밖으로 쫓아냄.

(3) 전락 •　　　　• ③ 개인이나 단체, 또는 국가가 서로의 이익이나 목적을 위하여 함께 행동하기로 약속함.

**7** 밑줄 친 낱말의 알맞은 뜻을 골라 번호를 써 보세요.

어휘
적용

| 대담 | ① (對대답할 대 談말씀 담) 마주 대하고 말함.<br>예 교수님은 연구실에서 제자와 **대담**하였다.<br>② (大큰 대 膽쓸개 담) 배짱이 두둑하고 용감함.<br>예 그 도둑은 대낮에 도심 한복판에서 **대담**하게 도둑질을 벌였다. |
|---|---|

(1) 그 사람은 대담하지 못하고, 조심성이 지나쳐. 　　　　( 　 )

(2) 클레오파트라는 카이사르와의 대담 기회를 잡기 위해 꾀를 냈다. 　( 　 )

역사
놀이터

▶ 정답 18쪽

# 미로 탈출하며 핵심어 찾기!

🔍 아이들이 용선생을 만나러 가는 길에 본 핵심어를 빈칸에 순서대로 써 보세요. 그리고 핵심어에 알맞은 설명을 찾아 연결해 보세요.

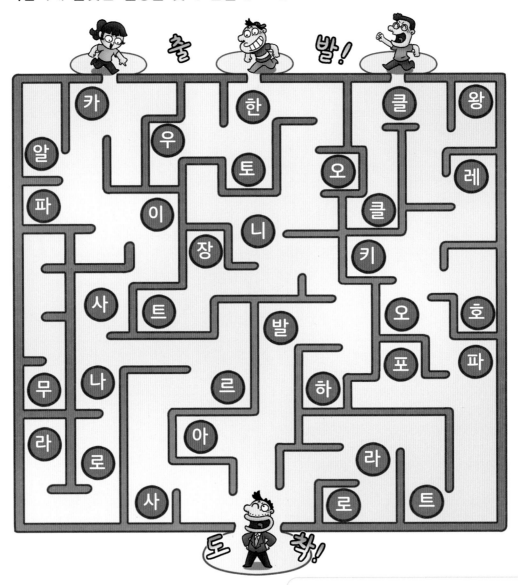

 의 핵심어 _____ •

카르타고의 명장. 알프스산맥을 넘어와 로마를 공격했지.

 의 핵심어 _____ •

로마의 장군. 귀족들의 방해를 뚫고 로마의 일인자가 되었어.

 의 핵심어 _____ •

이집트의 여왕. 로마 장군의 도움으로 남동생을 왕위에서 쫓아냈어.

로마는 유럽을 다스리는 큰 나라가 되었어.
로마 제국에서 일어난 일을 같이 알아보자!

# 6주

| 기원전 37년 | 기원전 18년 |
|---|---|
| 고구려 건국 | 백제 건국 |

| 기원전 27년 | 기원전 4년 | 기원후 79년 | 313년 | 476년 |
|---|---|---|---|---|
| 옥타비아누스, 로마의 황제가 됨 | 예수 탄생 | 폼페이 멸망 | 콘스탄티누스, 크리스트교 공인 | 서로마 제국 멸망 |

| 회차 | 학습 내용 | 교과서 핵심어 | 교과 연계 | 학습 계획일 |
|---|---|---|---|---|
| 26 | **옥타비아누스**, 로마의 황제가 되다 | ★ 옥타비아누스 ★ 안토니우스 ★ 로마 ★ 황제 | 【중학 역사 I】 I. 문명의 발생과 고대 세계의 형성 ③ 고대 제국들의 특성과 주변 세계의 성장 | 월 일 |
| 27 | 크리스트교를 창시한 **예수** | ★ 예수 ★ 이스라엘 ★ 그리스도 ★ 크리스트교 | 【중학 역사 I】 I. 문명의 발생과 고대 세계의 형성 ③ 고대 제국들의 특성과 주변 세계의 성장 | 월 일 |
| 28 | 화산 폭발로 사라진 **폼페이** | ★ 폼페이 ★ 로마 ★ 베수비오 화산 | 【중학 역사 I】 I. 문명의 발생과 고대 세계의 형성 ③ 고대 제국들의 특성과 주변 세계의 성장 | 월 일 |
| 29 | **콘스탄티누스**, 크리스트교를 공인하다 | ★ 콘스탄티누스 ★ 로마 ★ 크리스트교 | 【중학 역사 I】 I. 문명의 발생과 고대 세계의 형성 ③ 고대 제국들의 특성과 주변 세계의 성장 | 월 일 |
| 30 | 로마 제국을 공포에 떨게 한 **아틸라** | ★ 아틸라 ★ 로마 ★ 훈족 | 【중학 역사 I】 I. 문명의 발생과 고대 세계의 형성 ③ 고대 제국들의 특성과 주변 세계의 성장 | 월 일 |

**역사 놀이터**

**가로세로 핵심어 찾기!**

# 26

# 옥타비아누스, 로마의 황제가 되다

로마에도 황제가 생겼구나! 로마의 황제가 된 옥타비아누스는 어떤 인물일까?

**옥타비아누스**
(기원전 63년 ~ 기원후 14년)

로마 제국의 첫 번째 황제야. 41년 동안 로마를 다스리며 로마가 장차 500년 가까이 성장할 수 있도록 나라의 기초를 튼튼히 했어.

| 교과서 핵심어 | ★옥타비아누스 ★안토니우스 ★로마 ★황제 |

카이사르는 뜻밖에도 허무하게 세상을 떠났어. 카이사르를 싫어한 귀족들이 기회를 노려 카이사르를 없애 버렸거든. 큰 슬픔에 빠진 로마 시민들 앞에 두 사람이 등장했지.

"여러분, 저 안토니우스가 카이사르 장군님의 뒤를 잇겠소!" ❶

안토니우스는 카이사르가 아끼던 부하였어. 카이사르와 함께 수많은 전쟁터를 누볐던 용감한 장군이었지.

"여러분, 저는 카이사르 장군님의 양자, ❷ 옥타비아누스입니다. 제가 아버지 카이사르의 뒤를 잇겠습니다."

옥타비아누스는 카이사르가 양자로 삼고 후계자로 ❸ 점찍었던 전도유망한 사람 ❹ 이야. 이제 막 열여덟 살이 된 소년이었지만 따르는 사람이 많았어. 옥타비아누스는 경험 많은 장군인 안토니우스와 싸우는 건 불리하다고 ❺ 생각했어. 그래서 로마를 안토니우스와 반으로 나눠 다스리기로 했지. 로마의 동쪽은 안토니우스, 서쪽은 옥타비아누스가 맡았어.

그런데 얼마 후, 안토니우스는 아름다운 여인을 만났어. 바로 이집트의 파라오 클레오파트라였지.

"안토니우스 장군님, 저와 손잡으시겠어요?" ❻

클레오파트라는 카이사르 대신 이번에는 안토니우스의 힘을 빌려 이집트를 강한 나라로 만들 생각이었어. 안토니우스는 아름다운 클레오파트라에게 푹 빠졌고, 이집트에 눌러앉았지.

얼마 후, 클레오파트라와 안토니우스 사이에 아이가 태어났어. 그러자 안토니우스는 이렇게 선언했지. ❼

---

❶ 뒤를 잇다 사람이 가문의 대나 자리를 이어 나가다. ❷ 양자(養기를 양. 子아들 자) 아들이 없는 집에서 대를 잇기 위해 데려와 키운 아들. ❸ 후계자(後뒤 후. 繼이을 계. 者사람 자) 어떤 일이나 사람의 뒤를 잇는 사람. ❹ 전도유망(前앞 전. 途길 도. 有있을 유. 望바랄 망) 앞으로 잘될 희망이 있음.

"내 모든 재산과 땅을 클레오파트라의 아이에게 물려주겠다. 그리고 내 무덤도 이집트에 만들어라."

뜻밖의 소식에 로마 시민들은 화가 많이 났어.

"로마의 지도자가 자기 땅과 재산을 왜 이집트 사람에게 준다는 거야?"

"로마인이 왜 이집트에 묻힌다는 거지? 안토니우스는 배신자다!"[8]

옥타비아누스는 이 기회를 놓치지 않았어.

"로마의 시민들이여, 내가 배신자 안토니우스를 무찌르겠소!"

옥타비아누스는 이집트로 로마군을 보냈어. 로마군은 안토니우스와 클레오파트라의 군대를 크게 무찌르고 이집트를 점령했지. 승리 소식을 들은 로마 시민들은 소리 높여 옥타비아누스의 이름을 외쳤어.

"옥타비아누스 만세! 로마 만세!"

옥타비아누스는 많은 환호를 받으며 로마를 다스리는 유일한 권력자가 되었어. 그래서 옥타비아누스를 로마의 첫 번째 황제라고 해. 로마는 예전처럼 공화정이 아니라, 황제가 나라를 다스리는 제국이 된 거야.

옥타비아누스가 다스리는 로마 제국은 오랜 세월 평화를 누리며 강력하고 부유한 나라로 이름을 날렸지.

---

⑤ 불리(不아닐 불. 利이로울 리) 이롭지 않음. ⑥ 손잡다 서로 힘을 합하여 함께 일하다. ⑦ 선언(宣베풀 선. 言말씀 언) 국가나 집단이 자신의 의견이나 주장을 공식으로 밝힘. ⑧ 배신자(背등 배. 信믿을 신. 者사람 자) 믿음이나 의리를 저버린 사람.

**1** 빈칸을 채워 이 글의 중심 내용을 완성해 보세요.

중심
내용

옥타비아누스는 경쟁자 ① [　][　][　][　] 를 무찌르고 로마의

첫 번째 ② [　][　] 가 되었다.

**2** 이 글을 읽고 각 인물의 생각으로 알맞은 것을 선으로 이어 보세요.

인물
이해

(1) 　안토니우스　 •

(2) 　옥타비아누스　 •

• ① 클레오파트라의 자식에게 내 모든 땅과 재산을 넘겨야지!

• ② 로마를 이집트에 넘기려는 배신자를 없애고 로마의 황제가 되어야지!

**3** 이 글의 내용과 일치하면 O표, 일치하지 않으면 X표 해 보세요.

내용
이해

(1) 안토니우스는 카이사르가 아끼는 부하였다. ( 　 )

(2) 안토니우스는 옥타비아누스를 몰아내고 이집트를 차지했다. ( 　 )

(3) 옥타비아누스와 안토니우스는 로마를 반으로 나누어 다스리고 있었다. ( 　 )

(4) 클레오파트라는 로마의 힘을 이용해 이집트를 강력한 나라로 만들려고 했다. ( 　 )

**4** 이 글을 읽고 발표문을 작성했어요. 이 글의 내용과 일치하지 <u>않는</u> 것을 골라 보세요.

내용
적용

( 　 )

**제목: 옥타비아누스는 어떻게 로마의 첫 번째 황제가 되었을까?**

　① 로마의 장군 안토니우스는 이집트의 파라오 클레오파트라와 손잡았습니다. 아름다운 클레오파트라에게 반한 ② 안토니우스는 자신의 땅과 재산을 모두 클레오파트라의 아이에게 물려주겠다고 선언했습니다. 그러자 로마 시민들은 화가 났고, ③ 로마 동쪽을 다스리고 있던 옥타비아누스가 앞장서서 배신자 안토니우스를 로마에서 내쫓았습니다. ④ 옥타비아누스는 로마 시민들의 환호 속에 로마 제국의 첫번째 황제가 되었습니다.

**5** 빈칸을 채우며 이 글의 내용을 정리해 보세요.

핵심
정리

카이사르가 죽은 후, 후계자였던 ① ⬜⬜⬜⬜⬜⬜ 가 경

쟁자 안토니우스를 물리치고 ② ⬜⬜ 의 황제가 되었다. 그 후 로마는 오랜 시간

평화를 누리며 발전했다.

## 어휘 학습

**6** 낱말의 알맞은 뜻을 찾아 선으로 이어 보세요.

어휘
복습

(1)  양자  •

(2)  배신자  •

(3)  전도유망  •

•①  앞으로 잘될 희망이 있음.

•②  믿음이나 의리를 저버린 사람.

•③  아들이 없는 집에서 대를 잇기 위해 데려와 키운 아들.

**7** 밑줄 친 낱말의 알맞은 뜻을 골라 번호를 써 보세요.

어휘
적용

| 손잡다 | ① 손과 손을 마주 잡다.<br>**예** 신랑과 신부는 **손잡고** 식장 안으로 들어갔다.<br>② 서로 힘을 합하여 함께 일하다.<br>**예** 전 세계 모두가 **손잡고** 지구온난화를 해결합시다. |
|---|---|

(1) 어제 엄마 아빠와 <u>손잡고</u> 미술관 나들이를 다녀왔다.　　　　　　( 　 )

(2) 나라의 경제를 살리기 위해서 정부와 기업이 <u>손잡았다</u>.　　　　　　( 　 )

# 27

# 크리스트교를 창시한 예수

예수가 만든 크리스트교는 어떤 종교일까?

**예수**
(기원전 4년 ~ 기원후 33년)

크리스트교를 만든 사람이야. 크리스트교를 믿는 사람들은 예수가 하느님의 아들이라고 생각하며 받들었지.

| 교과서 핵심어 | ★예수　★이스라엘　★그리스도　★크리스트교 |

로마가 다스리던 이스라엘에 예수라는 목수가 살았어. 예수는 자신이 하느님의 아들이라며, 세상 모든 사람에게 하느님의 사랑을 전하겠다고 말했지.

"네 이웃을 사랑하라."

"가난한 자에게 복이 있다! 지금은 힘들고 고통스러울지라도, 하느님을 믿으면 죽어서 천국에 가게 되리라."

가난하고 힘든 사람들은 예수의 가르침에 큰 위로를 받았어. 점차 수많은 사람이 예수의 곁에 몰려들었지.

"예수님은 우리를 구원하러 오신 거야!"

사람들은 예수를 '그리스도'라 부르며 따랐어. 그리스도는 '구원자'라는 뜻이야. 하지만 이런 모습을 못마땅하게 여긴 사람도 많았어. 바로 신에게 제사를 지내는 사제들이었지.

"예수 때문에 사람들이 우리 사제들의 말을 듣지 않아요."

"신전에 제물을 바칠 필요도 없다고 했다지? 건방진 놈이로군!"

결국 사제들은 예수를 붙잡아서 재판에 넘겼어. 재판장은 의아한 듯 물었지.

"예수란 사람이 무슨 죄를 지어서 붙잡아 온 건가?"

"예수는 말도 안 되는 소리로 세상을 어지럽히고 있습니다. 사람들을 모아서 반란을 일으키고 왕이 되려는 것이 틀림없어요. 예수를 죽여야 합니다!"

사제들은 입을 모아 예수를 모함했어. 재판장은 예수가 정말 반란을 일으키려 했는지 자세히 조사했어. 하지만 아무리 살펴봐도 증거를 찾을 수가 없었지. 재판장이 사제들에게 물었어.

"나는 예수를 죽여야 할 이유를 모르겠다. 정말 예수를 죽이길 원하나?"

---

❶ 목수(木나무 목, 手손 수) 나무를 다루어 집을 짓거나 가구 등을 만드는 사람. ❷ 천국(天하늘 천, 國나라 국) 이 세상에서 예수를 믿는 사람들이 죽은 후에 갈 수 있다고 믿는 나라. ❸ 위로(慰위로할 위, 勞수고로울 로) 따뜻한 말이나 행동으로 괴로움과 슬픔을 달래줌. ❹ 구원(救구원할 구, 援도울 원) 어려움이나 위험에 빠진 사람을 구해줌.

**역사 사전**

**크리스트교**

세계에서 가장 많은 사람들이 믿는 종교야. 오늘날 세계 인구의 3분의 1이 크리스트교를 믿어. 하느님을 섬기고, 사랑과 평등을 강조해.

"그렇습니다. 예수를 죽이지 않으면 우리 모두 가만있지 않을 겁니다!"

사제들은 당장이라도 반란을 일으킬 듯 떠들썩하게 소리쳤어. 이야기를 듣다 못한 재판장은 결국 판결을 내렸지.

"예수를 십자가형에 처한다."

십자가형은 십자가에 죄인의 손과 발을 못으로 박고, 높은 곳에 매달아서 서서히 죽이는 끔찍한 형벌이야. 예수는 수많은 사람이 지켜보는 가운데, 자신이 매달리게 될 커다란 십자가를 짊어지고 언덕을 올랐어.

"하느님, 저를 죽인 자들을 용서하소서."

십자가에 매달린 예수는 이내 세상을 떠났어. 하지만 예수가 세상을 떠난 후 그 가르침은 세상 먼 곳까지 퍼져 나갔지. 예수가 창시한 종교가 바로 크리스트교야.

**지리 사전**

**이스라엘**

지중해 동쪽에 자리 잡은 나라야. 수도인 예루살렘은 유대교, 크리스트교, 이슬람교 등 여러 종교가 신성하게 여기는 성지야.

---

❺ 모함(謀꾀할 모. 陷빠질 함) 나쁜 꾀로 남을 어려운 처지에 빠지게 함. ❻ 판결(判판가름할 판. 決결정할 결) 옳고 그름을 가리는 것. ❼ 죄인(罪허물 죄. 人사람 인) 죄를 지은 사람. ❽ 형벌(刑형벌 형. 罰벌줄 벌) 죄를 지은 사람한테 내리는 벌. ❾ 창시(創비롯할 창. 始비로소 시) 어떤 생각이나 이론을 처음으로 내놓거나 시작하는 것.

## 독해 학습

**1** 이 글의 중심 내용으로 알맞은 것을 골라 보세요.  (          )

중심
내용

① 뛰어난 목수였던 예수

② 크리스트교를 창시한 예수

③ 십자가에 매달려 죽은 예수

④ 로마를 혼란에 빠뜨린 예수

**2** 이 글의 예수에 대한 설명으로 알맞지 <u>않은</u> 것을 골라 보세요.  (          )

인물
이해

① '그리스도'라고 불렸다.

② 많은 사람들이 구원자라고 생각했다.

③ 십자가에 매달려 죽는 형벌을 받았다.

④ 자신이 하느님의 아버지라고 이야기했다.

**3** 이 글의 내용과 일치하면 ○표, 일치하지 않으면 ✕표 해 보세요.

내용
이해

(1) 예수는 로마를 상대로 반란을 일으켰다.                                          (          )

(2) 예수가 받은 십자가형은 가벼운 벌이었다.                                        (          )

(3) 이스라엘의 사제들은 예수를 죽여야 한다고 모함했다.                  (          )

(4) 이스라엘의 가난한 사람들은 예수의 가르침에 위로를 받았다.      (          )

**4** 이 글을 읽고 빈칸에 들어갈 말로 알맞지 <u>않은</u> 것을 골라 보세요.  (          )

추론

① 네 이웃을 사랑하라.

② 부자들에게 복이 있다.

③ 가난한 자들에게 복이 있다.

④ 하느님을 믿으면 천국에 간다.

**5** 빈칸을 채우며 이 글의 내용을 정리해 보세요.

핵심
정리

이스라엘에서 태어난 ① ☐☐ 는 하느님을 믿고 이웃에게 사랑을 베푼다면 고통에서 구원 받게 될 것이라는 가르침을 전하였다. 많은 사람들은 그를 구원자라는 뜻의 '그리스도'라고 부르며 따랐다. 그가 처형된 후로도 그의 가르침은 멀리 퍼져 나갔다. 그의 가르침을 따르는 종교를 ② ☐☐☐☐ 라고 한다.

## 어휘 학습

**6** 낱말의 알맞은 뜻을 찾아 선으로 이어 보세요.

어휘
복습

(1) 구원 •

(2) 죄인 •

(3) 창시 •

• ① 죄를 지은 사람.

• ② 어려움이나 위험에 빠진 사람을 구해줌.

• ③ 어떤 생각이나 이론을 처음으로 내놓거나 시작하는 것.

**7** 빈칸에 들어갈 알맞은 낱말을 보기 에서 찾아 문장을 완성해 보세요.

어휘
적용

보기    목수    천국    위로    모함    판결    형벌

(1) 판사는 재판에서 죄인에게 벌금을 내라는 ＿＿＿＿＿＿을 내렸다.
└ 옳고 그름을 가리는 것.

(2) 시합에서 져서 속상해 하는 동생에게 ＿＿＿＿＿＿의 말을 건넸다.
따뜻한 말이나 행동으로 괴로움과 슬픔을 달래줌. └

(3) 나를 싫어하는 친구가 좋지 않은 소문을 퍼뜨리며 나를 ＿＿＿＿＿＿했다.
└ 나쁜 꾀로 남을 어려운 처지에 빠지게 함.

# 28

# 화산 폭발로 사라진 폼페이

하루 만에 사라진 도시가 있대. 그 도시에 살던 사람들은 어떻게 됐을까?

| 교과서 핵심어 | ★폼페이 　★로마 　★베수비오 화산 |

폼페이는 로마의 큰 도시 중 하나였어. 시민이 2만 명이나 살았지. 폼페이 거리는 수많은 상인과 물건을 사려는 사람들로 늘 붐볐어.

불의 신을 섬기는 축제날, 폼페이 시민들은 신께 제사를 드리러 광장에 하나둘 모이고 있었어. 사람들은 멀리 화산❶을 가리키며 웅성거렸지.

"저기 저 구름 좀 봐. 뭔가 이상하지 않아?"

바로 폼페이 뒤에 우뚝 서 있는 베수비오 화산 때문이었어. 베수비오 화산 위에 정체를 알 수 없는 뿌연 구름이 뭉게뭉게 피어오르고 있었거든.

"불의 신께서 우리의 기도에 답하시는 거 아닐까?"

"그런가? 그럼 좋은 징조❷인 건가?"

몇몇 사람은 불안한 듯 베수비오 화산을 바라봤지만 대부분 별 신경을 쓰지 않았지.

그런데, 몇 시간 후 세상을 뒤흔들 듯 커다란 소리와 함께 땅이 흔들렸어.

"콰광!"

"이게 무슨 소리지?"

당황한 폼페이 사람들은 베수비오 화산을 올려봤어. 화산에서는 검은 연기가 솟구쳐 올랐지. 화산이 터지기 시작한 거야. 그야말로 위기일발❸의 상황이었어.

"화산이 폭발한다!"

폼페이의 하늘은 금세 한밤중처럼 어두워지고, 검은 하늘에서는 화산재가 쏟아져 내려왔지.

"켁켁! 엄마, 숨을 못 쉬겠어요!"

"정신 차려! 빨리 도망가야 해!"

---

❶ 화산(火불 화. 山메 산) 땅속에서 가스와 마그마가 뚫고 나와 불을 뿜는 산. ❷ 징조(徵부를 징. 兆빌미 조) 어떤 일이 생길 기미. ❸ 위기일발(危위태할 위. 機틀 기. 一하나 일. 髮터럭 발) 여유가 조금도 없이 몹시 절박한 순간. ❹ 질식(窒막을 질. 息숨쉴 식) 숨통이 막혀 숨을 쉴 수 없게 됨.

하지만 사람들은 대부분 멀리 도망가지 못하고 하나둘 쓰러졌어. 화산 가스에 ❹질식한 거야. 땅은 계속해서 흔들렸어. 거대하고 굵직한 신전 기둥에 금이 가고, 건물 지붕에서는 빨간 기왓장이 우수수 쏟아졌지.

"빨리 이리로 오시오! 바다로 피해야 합니다!"

간신히 도시를 빠져나온 사람들은 배에 타고 바다로 몸을 피했어. 그때 더욱 요란한 소리와 함께 베수비오 화산이 불을 뿜었지.

검붉은 용암과 화산재가 ❺산사태처럼 쓸려 내려와 고작 십 분 사이에 폼페이를 뒤덮었어. 배에 타고 있던 사람들은 모두 할 말을 잃고 이 모습을 바라보았지. 화려했던 도시 폼페이는 이렇게 ❻천재지변으로 하루 만에 사라지고 말았어.

그런데 신기한 게 있어. 화산재에 파묻힌 도시 전체가 화석처럼 그대로 남아 오늘날까지 전해지고 있다는 거야. 심지어 ❼절체절명의 위기에서 도시를 빠져나오지 못했던 사람들의 모습도 고스란히 남아 있고, 아이를 끌어안고 있는 어머니, 숨이 막히는 듯 고통스럽게 가슴을 부여잡은 사람들의 모습도 고스란히 남아 있지. 그래서 폼페이는 고대 로마 시대의 모습을 알려주는 중요한 자료야.

---

❺ 산사태(山메 산. 沙모래 사. 汰미끄러울 태) 큰 비나 지진. 화산 등으로 산 위의 바윗돌이나 흙이 갑자기 무너져 내리는 현상. ❻ 천재지변(天하늘 천. 災재앙 재. 地땅 지. 變변할 변) 지진. 홍수. 태풍 등 자연 현상으로 인한 피해나 사고. ❼ 절체절명(絕끊을 절. 體몸 체. 絕끊을 절. 命목숨 명) 어쩔 수 없는 절박한 상황을 이르는 말.

**1** 이 글을 읽고 알맞은 내용에 선을 그어 중심 문장을 완성해 보세요.

중심
내용

폼페이는

① 화산 폭발로

② 다른 나라의 침략을 받아

③ 하루아침에 사라졌다.

④ 세상에 모습을 드러냈다.

**2** 이 글의 내용과 일치하지 <u>않는</u> 것을 골라 보세요. (          )

내용
이해

① 폼페이 사람들은 불의 신을 섬기는 축제를 열었다.

② 폼페이는 사람이 많이 살고 상인들로 붐비는 대도시였다.

③ 폼페이 사람들 모두 화산 가스에 숨이 막혀 목숨을 잃었다.

④ 폼페이는 도시 전체가 화석처럼 고스란히 남아 오늘날까지 전해지고 있다.

**3** 이 글을 읽고 다음 뉴스의 밑줄 친 재앙으로 알맞은 것을 골라 보세요. (          )

내용
적용

속보입니다.
화려한 도시 폼페이에
<u>재앙</u>이 닥쳤습니다.

① 태풍

② 홍수

③ 산사태

④ 화산 폭발

**4** 이 글을 읽고 빈칸에 들어갈 말로 알맞은 것을 골라 보세요. (          )

자료
해석

용선생: 이 사진은 폼페이에 살던 귀족의 집에 남은 벽화야. 오랜 시간이 지나도 이렇게 벽화가 고스란히 남아 있는 까닭은 _____이지.

① 절대 지워지지 않는 물감으로 칠했기 때문

② 용암과 화산재가 귀족의 집까지 덮치지 않았기 때문

③ 갑작스러운 화산 폭발로 그대로 땅에 파묻혔기 때문

④ 로마 제국의 벽화를 보존하는 기술이 뛰어났기 때문

**5** 빈칸을 채우며 이 글의 내용을 정리해 보세요.

핵심
정리

로마의 ① ☐☐☐ 는 역사가 깊은 도시였다. 어느 날 이 도시의 근처에

있던 ② ☐☐☐☐ 화산이 폭발하여 내뿜은 화산재가 도시 전체를 덮

쳤고, 도시는 하루 만에 역사 속으로 사라지게 되었다. 화산재에 파묻힌 이 도시는 도시 전

체가 화석처럼 남아 지금까지 그 모습이 전해지고 있다.

## 어휘 학습

**6** 낱말의 알맞은 뜻을 찾아 선으로 이어 보세요.

어휘
복습

(1) 화산 •

(2) 징조 •

(3) 질식 •

• ① 어떤 일이 생길 기미.

• ② 숨통이 막혀 숨을 쉴 수 없게 됨.

• ③ 땅속에서 가스와 마그마가 뚫고 나와 불을 뿜는 산.

**7** 빈칸에 들어갈 알맞은 낱말을 보기 에서 찾아 문장을 완성해 보세요.

어휘
적용

보기    위기일발    산사태    천재지변    절체절명

(1) 갑작스런 _____으로 많은 사람들이 살 곳을 잃었다.
  ㄴ, 지진, 홍수, 태풍 등 자연 현상으로 인한 피해나 사고.

(2) 끊임없는 전쟁으로 나라가 _____의 위기에 처해 있습니다.
  ㄴ, 어쩔 수 없는 절박한 상황을 이르는 말.

# 29

# 콘스탄티누스, 크리스트교를 공인하다

크리스트교를 공인했다니, 그게 무슨 말일까? 콘스탄티누스가 누구인지 궁금해!

**콘스탄티누스 1세**
(272년 ~ 337년)

로마 제국의 52번째 황제이자, 크리스트교를 믿은 첫 번째 황제야. 로마 제국의 수도를 로마에서 비잔티움으로 옮기기도 했어.

| 교과서 핵심어 | ★콘스탄티누스 　★로마 　★크리스트교 |

세월이 흘러 로마 제국이 흔들리기 시작했어. 오랜 평화에 젖은 로마 귀족들은 사치❶를 부리느라 정신없었지. 나라를 지켜야 할 장군들은 서로 황제가 되겠다며 아웅다웅 싸우기 바빴어.

"내가 황제가 되어 로마에 다시 평화를 가져올 것이다."

이때 콘스탄티누스라는 장군이 나타났어. 한번 결심한 건 끝까지 밀어붙이는 뚝심과 배짱❷이 있는 사람이었지.

어느 날, 콘스탄티누스는 중요한 전투를 앞두고 있었어. 승리한다면 로마의 황제가 될 수 있는 기회였지만, 적군의 수가 너무 많아서 걱정이 많았지. 콘스탄티누스는 밤새 뒤척이다가 겨우 잠이 들었어.

그런데 콘스탄티누스의 꿈속에 십자가가 나타났어. 십자가 곁에는 글자도 함께 보였지.

이 십자가는 도대체 뭐지?

---

❶ **사치**(奢사치할 사. 侈사치할 치) 돈과 물건을 쓸데없이 펑펑 쓰는 것 ❷ **배짱** 조금도 굽히지 않고 버티어 나가는 자세나 태도. ❸ **연설**(演펼 연, 說말씀 설) 여러 사람 앞에서 자신의 주장이나 의견을 말함. ❹ **계시**(啓열 계. 示보일 시) 신이 가르침을 내리는 것.

'이 십자가를 옷에 그리고 전쟁터로 나가라. 그러면 반드시 승리하리라.'

잠에서 깬 콘스탄티누스는 황급히 부하들에게 연설했지.❸

"내가 꿈에서 신의 계시를❹ 받았느니라. 우리는 신의 보호를 받아 반드시 승리할 것이다! 모두 옷에 십자가를 그리도록 해라."

콘스탄티누스의 부하들은 너도나도 옷에 십자가를 그렸어. 콘스탄티누스의 연설로 용기를 얻은 병사들은 누구보다 용감하게 싸웠어. 결국 콘스탄티누스의 군대는 큰 승리를 거두었지. 콘스탄티누스는 로마의 황제가 되었고, 로마 제국은 오랜만에 평화를 되찾았어.

'그런데 그 십자가는 도대체 뭐였을까?'

콘스탄티누스는 자신이 어떤 신의 계시를 받은 건지 궁금했어. 그때, 크리스트교를 믿는 사람들이 나섰지.

"황제 폐하, 그 십자가는 저희가 섬기는 하느님의 상징입니다."❺

"그래? 그럼 내가 하느님의 도움을 얻어 승리한 것이로구나!"

그동안 크리스트교는 로마에서 당당한 종교로 인정받지 못했어. 크리스트교를 믿는 사람들은 세상을 어지럽힌다는 이유로 붙잡혀 재산을 빼앗기기도 했고, 목숨을 잃기도 했지. 하지만 콘스탄티누스는 생각을 바꾸었어.

"이제 누구든 원한다면 크리스트교를 믿어도 좋다. 그동안 빼앗은 재산도 모두 돌려주도록 하라."

콘스탄티누스는 크리스트교를 공인했어.❻ 그 후 크리스트교는 로마 제국 곳곳에 더욱 깊숙이 뿌리내렸지.❼ 덕분에 오늘날 대부분의 유럽 사람들이 크리스트교를 믿게 된 거야.

---

❺ 상징(象모양 상. 徵부를 징) 생각이나 느낌을 눈으로 볼 수 있는 구체적인 사물로 나타내는 것. ❻ 공인(公공변될 공. 認알 인) 국가나 공공 단체 또는 사회에서 어느 행위나 물건을 인정함. ❼ 뿌리내리다 생각이나 사고가 깊고 튼튼하게 자리를 잡다.

**1** 이 글을 읽고 알맞은 내용에 선을 그어 중심 문장을 완성해 보세요.

중심
내용

콘스탄티누스는

① 꿈에서 신의 계시를 받아
③ 크리스트교를 공인했다.

② 로마 황제의 명령을 받아
④ 크리스트교를 금지했다.

**2** 이 글의 콘스탄티누스에 대한 내용과 일치하면 O표, 일치하지 않으면 X표 해 보세요.

인물
이해

(1) 로마의 장군이었다. ( )

(2) 크리스트교 신자들을 붙잡아 못살게 굴었다. ( )

(3) 로마의 황제가 된 이후에는 사치에만 몰두했다. ( )

(4) 하느님의 계시를 받아 전쟁에서 승리를 거두었다고 믿었다. ( )

**3** 이 글을 읽고 다음 질문에 대한 대답으로 알맞은 것을 골라 보세요. ( )

내용
이해

콘스탄티누스가 크리스트교를 공인했다는 말이 무슨 뜻일까요?

① 크리스트교를 믿는 것을 금지한다는 뜻이다.

② 크리스트교를 믿는 것을 허락한다는 뜻이다.

③ 크리스트교를 믿는 사람은 쫓아내겠다는 뜻이다.

④ 모든 사람들이 반드시 크리스트교를 믿어야 한다는 뜻이다.

**4** 이 글의 콘스탄티누스가 쓴 일기예요. 이 글의 내용과 일치하지 <u>않는</u> 것을 골라 보세요.

내용
적용

( )

### 십자가가 나온 신기한 꿈

날짜: ○○년 ○○월 ○○일    날씨: **맑음**

나는 오늘 신기한 꿈을 꾸었다. ① 꿈속에서 십자가와 함께 십자가를 옷에 그리고 전쟁
터에 나가면 반드시 승리할 것이라는 글자를 본 것이다. 나는 ② 십자가를 등에 메고 전쟁
에 나갔다. 그런데 신기하게도 정말 내가 이끄는 군대가 승리를 거두었다. 크리스트교를 믿
는 사람들은 꿈에 나온 ③ 십자가가 하느님의 상징이라고 말했다. 이제 ④ 로마 사람이면
누구나 자유롭게 크리스트교를 믿을 수 있도록 해 주어야겠다.

**5** 빈칸을 채우며 이 글의 내용을 정리해 보세요.

핵심
정리

① ☐☐☐☐☐☐ 는 십자가가 나오는 꿈을 꾸었다. 그는

이 꿈 덕분에 전쟁에서 이겨 로마의 황제가 되었다. 이후 그는 그동안 로마에서 탄압받았던

② ☐☐☐☐☐ 를 공인하여 누구나 믿을 수 있도록 했다.

## 어휘 학습

**6** 낱말의 알맞은 뜻을 찾아 선으로 이어 보세요.

어휘
복습

(1) 계시 •

(2) 상징 •

(3) 공인 •

• ① 신이 가르침을 내리는 것.

• ② 국가나 공공 단체 또는 사회에서 어느 행위나 물건을 인정함.

• ③ 생각이나 느낌을 눈으로 볼 수 있는 구체적인 사물로 나타내는 것.

**7** 밑줄 친 낱말의 알맞은 뜻을 골라 번호를 써 보세요.

어휘
적용

| 뿌리내리다 | ① 식물의 뿌리를 땅에 박다.<br>예 여름에 심은 무가 땅속 깊이 **뿌리내렸다**.<br>② 일정한 곳에 자리를 잡아 살거나 일하다.<br>예 우리 가족은 대대로 이 마을에 **뿌리내리고** 살고 있다.<br>③ 생각이나 사고가 깊고 튼튼하게 자리를 잡다.<br>예 사람들의 마음에 독립을 향한 간절한 소망이 **뿌리내렸다**. |
| --- | --- |

(1) 한국을 떠나 이곳에 뿌리내린 지 벌써 30년이 흘렀다.　　　　　　　　( 　 )

(2) 땅에 어렵게 뿌리내린 감나무를 억지로 파내어 화분에 심었다.　　　　( 　 )

(3) 크리스트교 문화는 유럽 사람들의 생활 곳곳에 뿌리내려 있다.　　　　( 　 )

# 30 로마 제국을 공포에 떨게 한 아틸라

> 강력했던 로마 제국을 위협한 아틸라는 누구일까? 훈족은 어떤 사람들이었을까?

**인물 사전**

**아틸라**
(406년 ~ 453년)

훈족을 이끌었던 마지막 왕이야. 오늘날 동유럽 북부 지역을 지배하는 대제국을 세웠어.

| 교과서 핵심어 | ★아틸라 ★로마 ★훈족 |

"그거 들었나? 훈족이라는 무시무시한 사람들이 쳐들어왔다는데?"

"그래, 만나는 마을이나 사람이나 가만두질 않는다는군!"

로마에서 흉흉한❶ 소문이 퍼지고 있었어. 국경❷ 밖에 훈족이라는 이민족이 나타났다는 소문이었지. 훈족은 원래 말을 타고 드넓은 대초원을 누비는 사람들인데, 사납고 잔인하기로 유명했어. 훈족은 주변 마을이나 로마의 국경 도시를 공격해 식량이나 값진 보물을 약탈했지.

그러다 훈족에 새로운 왕 아틸라가 등장했어.

"이제 로마도 우리 훈족 앞에 무릎을 꿇어라!"

아틸라는 피도 눈물도 없는 사람이었어. 아틸라에게 저항하는 모든 도시와 마을은 폭풍이 지나간 듯 폐허❸가 됐지. 노인도, 심지어는 갓난아기도 살아남을 수 없었어.

"도시 강둑이 시체로 가득하다며! 어휴, 무서워!"

"늦기 전에 도망가야 하는 거 아닌가?"

로마 사람들은 언제 아틸라가 이끄는 훈족이 쳐들어올지 몰라서 공포에 떨었어. 그러던 어느 날, 아틸라는 대군을 이끌고 본격적으로 로마로 쳐들어왔어.

"로마는 화려하고 풍요롭다지? 도시를 불태우고, 값나가는 물건은 모조리 챙겨오자!"

아틸라가 이끄는 훈족 군대는 말이 거세게 달릴 때도 마음대로 몸을 움직였고, 활도 기가 막히게 잘 쐈지. 그중에서도 아틸라의 말타기와 활쏘기 솜씨는 제일이었어. 아틸라가 활을 쏠 때마다 로마 군사들은 화살에 맞아 쓰러졌지.

"으아아! 괴물들이 쳐들어왔다!"

---

❶ 흉흉하다(洶물결칠 흉, 洶물결칠 흉) 분위기가 술렁술렁하여 매우 어수선하다. ❷ 국경(國나라 국, 境지경 경) 나라와 나라의 영역을 가르는 경계. ❸ 폐허(廢할 폐, 墟터 허) 건물이나 성이 파괴되어 황폐하게 된 땅. ❹ 걸음아 날 살려라 있는 힘을 다해 매우 다급하게 도망침을 이르는 말.

아틸라의 기세에 겁먹은 로마 군사들은 걸음아 날 살려라 도망갔어. 로마 사람들은 아틸라를 보며 겁에 질렸지.

"아틸라는 하느님이 로마를 벌하러 보낸 자가 분명해. 그렇지 않고서야 어떻게 사람이 저리 무자비할 수 있단 말인가……."

로마 사람들은 하느님이 자신의 뜻을 제대로 따르지 않는 로마를 벌하기 위해 아틸라를 보냈다고 생각했어. 아틸라는 전쟁터에서 크게 악명을 떨치며 '신의 채찍'이라 불렸지.

전쟁터를 헤집고 다니던 아틸라는 로마인에게 공포의 상징이 되었어. 아직까지도 그 이야기가 전해지고 있지.

**훈족**
중앙아시아 일대에 살았던 유목 민족이야. 로마 제국 말기 동유럽에 나타나 악명을 떨치다가 곧 사라졌어.

---

❺ 무자비(無없을 무, 慈사랑할 자, 悲슬플 비) 인정 없이 냉혹하고 모진 것. ❻ 악명(惡악할 악, 名이름 명) 나쁘다는 소문이나 평판. ❼ 채찍 말이나 소 같은 동물을 때려 모는 데 사용하기 위해 막대 끝에 끈을 달아 만든 물건.

 독해 학습

**1** 빈칸을 채워 이 글의 중심 내용을 완성해 보세요.

중심
내용

훈족의 왕 아틸라는 [   ][   ] 제국을 공격하며 악명을 떨쳤다.

**2** 이 글의 아틸라에 대한 설명으로 알맞은 것을 <u>모두</u> 선으로 이어 보세요.

인물
이해

① 로마 사람이다.

③ 로마 사람들을
무자비하게 죽였다.

아틸라

② 말타기와 활쏘기
솜씨가 뛰어났다.

④ 로마 사람들에게
공포의 상징이었다.

**3** 이 글을 읽고 로마 사람들이 다음과 같이 생각한 까닭으로 알맞은 것을 골라 보세요.

내용
이해

(        )

아틸라는 신의 채찍이야.

① 아틸라가 채찍을 만드는 기술이 뛰어났기 때문이다.
② 아틸라가 로마 사람들이 믿는 종교를 탄압하였기 때문이다.
③ 하느님이 로마를 벌하러 아틸라를 보냈다고 생각했기 때문이다.
④ 아틸라가 스스로를 채찍질하며 몸과 마음을 수행했기 때문이다.

**4** 다음 검색 결과를 보고 검색창에 들어갈 알맞은 낱말을 써 보세요.

내용
적용

• 사납고 잔인하기로 유명한 민족.
• '신의 채찍'이라 불리는 아틸라가 마지막 왕이었음.
• 말을 자유자재로 타고 드넓은 대초원을 누비며 살아감.
• 주변 마을이나 로마 국경 도시를 공격해 약탈을 일삼음.

**5** 빈칸을 채우며 이 글의 내용을 정리해 보세요.

핵심
정리

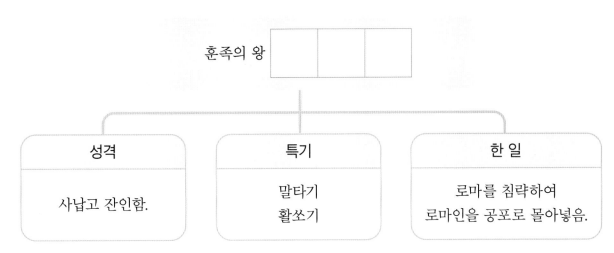

| | | |
|---|---|---|
| 훈족의 왕 | | |

| 성격 | 특기 | 한 일 |
|---|---|---|
| 사납고 잔인함. | 말타기<br>활쏘기 | 로마를 침략하여<br>로마인을 공포로 몰아넣음. |

**어휘 학습**

**6** 낱말의 알맞은 뜻을 찾아 선으로 이어 보세요.

어휘
복습

(1) 폐허 ●  　　　● ① 나쁘다는 소문이나 평판.

(2) 악명 ●  　　　● ② 인정 없이 냉혹하고 모진 것.

(3) 무자비 ●  　　　● ③ 건물이나 성이 파괴되어 황폐하게 된 땅.

**7** 빈칸에 들어갈 알맞은 낱말을 보기에서 찾아 문장을 완성해 보세요.

어휘
적용

보기　　　흉흉하다　　　국경　　　걸음아 날 살려라　　　채찍

(1) 고양이를 본 생쥐는 ＿＿＿＿＿＿＿＿＿＿ 달아났다.
　　　　　　└, 있는 힘을 다해 매우 다급하게 도망침을 이르는 말.

(2) 한반도는 중국과 ＿＿＿＿＿＿＿＿＿＿을 접하고 있다.
　　　　　　└, 나라와 나라의 영역을 가르는 경계.

(3) 전염병으로 많은 사람들이 죽었다는 소문 때문에 마을이 몹시 ＿＿＿＿＿＿＿＿＿＿.
　　　　　　분위기가 술렁술렁하여 매우 어수선하다. ┘

▶ 정답 18쪽

## 가로세로 핵심어 찾기!

가로세로 열쇠 힌트를 읽고, 알맞은 핵심어를 넣어 가로세로 역사 퍼즐을 완성해 보세요.

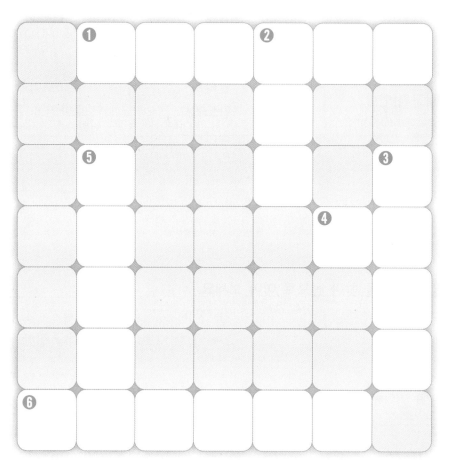

 **가로 열쇠**

❶ 카이사르의 후계자 ○○○○○○는 로마 최초의 황제가 되었어.

❹ 크리스트교는 ○○가 창시한 종교야.

❻ 크리스트교를 공인한 로마 황제의 이름이야.

 **세로 열쇠**

❷ 훈족의 왕 ○○○는 잔혹함으로 로마 제국을 공포에 떨게 만들었어. 사람들로부터 '신의 채찍'이라는 별명을 얻었지.

❸ 로마 제국의 도시 폼페이는 ○○○○ 화산 폭발로 하루아침에 사라졌어.

❺ 카이사르의 부하야. 클레오파트라와 사랑에 빠진 뒤 로마의 배신자 취급을 받았지.

# 찾아보기

## 찾아보기

메모장

# 용선생 15분 한국사 독해

교과서 인물
총출동!

생생한 역사 인물 이야기로
초등 한국사 기초 완성!
한국사 필수 어휘까지 한 번에!

글 사회평론 역사연구소 외 | 그림 뭉선생 외 | 캐릭터 이우일

전 4권 • 1권 우리 역사의 시작 ~ 삼국 시대 • 2권 남북국 시대 ~ 고려 시대 • 3권 조선 시대 • 4권 개항기 ~ 현대

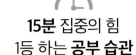

# 용선생 15분
# 세계사 독해
## 정답과 풀이

**1권**

**고대 편**

15분 집중의 힘
1등 하는 **공부 습관**

인물 이야기
음원 제공

초등 독해력을 키우는
세계사 인물 이야기 120!

사회평론

15분 집중의 힘
1등 하는 **공부 습관**

# 용선생 15분
# 세계사 독해
## 정답과 풀이

**1**권
고대 편

사회평론

## 01 최초의 인류, 아프리카에서 발견되다

본문 10~13쪽

**독해 학습**

1 ①, ③　　　　　2 (1) ○ (2) X (3) ○

3 ④　　　　　　4 ④

5 ① 루시　② 아프리카

**어휘 학습**

6 (1) ③ (2) ① (3) ②　　　7 ①

**독해 학습**

1 이 글은 최초의 인류의 화석이 아프리카에서 발견되면서 벌어지는 일에 대해 다루고 있습니다.

2 (2) 350만 년 전 인류의 화석이 발견된 곳은 아프리카입니다.

3 학자들이 인류의 고향이 아프리카라고 생각하는 이유는, 350만 년 전 인류의 화석인 '루시'를 비롯해 지금껏 가장 오래된 인류의 화석이 아프리카에서 발견되었기 때문입니다.

4 루시는 오늘날의 인류와 생김새가 다르지만, 두 발로 꼿꼿이 서서 걷는 점은 오늘날의 인류와 같습니다.

5 350만 년 전 인류의 화석의 이름은 ① 루시입니다. 루시는 ② 아프리카에서 발견되었습니다. 지금의 인류와 달리 키도 작고 머리뼈도 작았습니다. 하지만, 두 발로 서서 걸어 다닌다는 점은 오늘날의 인류와 같습니다.

**어휘 학습**

7 '어떤 사실을 증명할 수 있는 근거'의 뜻으로 쓰이는 낱말은 '증거'입니다.

## 02 메소포타미아에서 탄생한 최초의 문명

본문 14~17쪽

**독해 학습**

1 문명　　　　　　2 ③

3 ③　　　　　　　4 신전

5 메소포타미아

**어휘 학습**

6 (1) ② (2) ① (3) ③　　　7 (1) 약탈자　(2) 구슬프다

**독해 학습**

1 메소포타미아 사람들은 약 오천 년 전에 인류 최초의 문명을 이룩하였습니다.

2 메소포타미아에는 두 개의 큰 강이 흘렀습니다. 물도 풍부하고 땅도 기름져 농사를 짓기 좋았습니다.

3 쐐기 문자는 메소포타미아 지역에서 사용하던 문자입니다. 꼭 쐐기처럼 뾰족하게 생겼다고 해서 붙은 이름입니다. 쐐기 문자는 우리나라에서 쓰이지 않았습니다.

4 사진은 메소포타미아의 신전 지구라트의 모습입니다. 이렇게 메소포타미아 사람들은 거대한 신전을 지어 신에게 제물을 바치고 기도를 올렸습니다.

5 메소포타미아 문명은 인류 최초의 문명입니다. 메소포타미아 사람들은 큰 강 근처에 도시를 이루고 살았고 신전을 지어 신께 제물을 바치고 기도를 올렸습니다. 점토판에는 날카로운 나뭇가지나 갈대 같은 물건으로 꾹꾹 눌러 새긴 쐐기 문자를 사용해 제물을 바친 기록을 남겼습니다.

## 03 파라오, 거대한 무덤 피라미드를 짓다

본문 18~21쪽

**독해 학습**

1 ③

2 (1) X (2) ○ (3) ○ (4) ○

3 ②

4 피라미드

5 ① 파라오 ② 이집트 ③ 미라

**어휘 학습**

6 (1) ① (2) ② (3) ③

7 (1) 즉위 (2) 장기 (3) 영혼

**독해 학습**

1 이 글은 피라미드를 짓는 이집트의 왕 파라오의 이야기를 다루고 있습니다.

2 (1) 파라오는 영원히 살 수 없었습니다. 이집트 사람들은 파라오가 세상을 떠나면 시신이 썩지 않도록 미라로 만들었습니다.

3 이집트 사람들은 파라오가 죽어도 영혼은 영원히 머물게 될 것이라고 믿었습니다. 그래서 파라오의 무덤인 피라미드에 파라오의 미라와 생전에 사용하던 물건 등을 넣고, 죽은 뒤에도 아름다운 이집트의 모습을 기억할 수 있게끔 이집트 사람들의 생활 모습이 담긴 벽화를 그려 넣었습니다.

4 사진은 기자의 대 피라미드와 스핑크스의 모습입니다. 스핑크스는 상반신은 사람, 하반신은 사자의 모습을 한 신화 속 동물로, 피라미드를 지키는 수호신으로 잘 알려져 있습니다. 스핑크스 뒤에 있는 기자의 대 피라미드는 이집트에서 가장 높은 피라미드입니다.

5 이집트 왕 ① 파라오의 무덤 피라미드는 매우 거대하여 짓는 데 오랜 시간이 걸렸습니다. 피라미드의 벽에는 ② 이집트 사람들이 고기를 잡고, 농사를 짓고 생활하는 모습을 그렸습니다. 그리고 파라오는 시신이 썩지 않는 ③ 미라로 만들어 피라미드에 넣어 두었습니다.

## 04 상나라 왕, 거북 배딱지로 점을 치다

본문 22~25쪽

**독해 학습**

1 상나라

2 (1) ○ (2) X (3) ○

3 ④

4 ②

5 ① 점 ② 갑골 문자

**어휘 학습**

6 (1) ② (2) ③ (3) ①

7 ③

**독해 학습**

1 거북 배딱지로 앞날을 점치고 결과를 기록했던 상나라 사람들에 대해 다루고 있는 글입니다.

2 (2) 상나라는 나라의 모든 일을 점을 쳐서 결정했습니다.

3 그림 속 상나라 왕은 화로에 올려놓았던 거북 배딱지에 금이 간 모습을 보고 있습니다. 상나라에서는 이렇게 거북 배딱지에 금이 간 모양을 들여다보고 점괘를 해석했습니다.

4 이 사진은 갑골 문자가 새겨진 유물의 모습입니다. 갑골 문자는 사람의 뼈가 아니라, 동물의 어깨뼈나 거북 배딱지에 새긴 문자입니다.

5 상나라 왕은 모든 나랏일을 ① 점을 쳐서 결정했습니다. 점괘로 나온 결과는 거북 배딱지 뒷면에 문자로 새겼습니다. 이 문자를 ② 갑골 문자라고 합니다.

**어휘 학습**

7 '흉년'은 곡식이 잘 자라지 않아서 평소보다 수확이 적은 해를 의미합니다. 그러므로 흉년이 들어서 먹을 것이 풍족했다는 문장은 잘못 쓰인 문장입니다.

## 05 함무라비왕, 법전을 만들다

본문 26~29쪽

**독해 학습**

1 ③　　　　2 ③
3 ④　　　　4 ②
5 ① 함무라비　② 함무라비 법전

**어휘 학습**

6 (1) ③ (2) ① (3) ②　　7 (1) 귀족 (2) 처벌 (3) 비석

**독해 학습**

1 이 글은 법전을 만들어 나라를 안정시켰던 함무라비왕의 이야기를 보여주고 있습니다.

2 바빌로니아의 왕 함무라비는 전쟁을 통해 주변 나라들을 정복하며 바빌로니아의 영토를 크게 넓혔습니다. 그리고 동네마다 달랐던 법을 한데 모아 법전을 만들었습니다.

**오답 피하기**

④ 함무라비왕은 죄인을 귀족 맘대로 처벌하거나 작은 죄로 사람을 죽이는 일을 막으려고 법전을 만들었습니다.

3 함무라비왕이 광장에 법을 새긴 비석을 세운 이유는 자신이 만든 법을 자랑하려 한 게 아니라, 모든 사람이 법전을 보고 따를 수 있도록 하기 위해서였습니다.

4 함무라비왕이 법전을 만든 후, 귀족이든 노예든 바빌로니아 사람이라면 누구나 함무라비 법전에 따라 처벌을 받았습니다. 따라서 귀족의 뼈를 부러뜨린 노예 역시 함무라비 법전에 따라 처벌을 받게 될 것입니다.

5 바빌로니아의 ① 함무라비왕은 도시마다 각각 다른 법을 통일하였습니다. 이렇게 만들어진 ② 함무라비 법전은 바빌로니아 사람들을 하나로 모으고, 사람들이 저지른 잘못에 마땅한 벌을 받게 함으로써 나라를 안정시켰습니다.

## 06 키루스, 예언대로 왕이 되다

본문 32~35쪽

**독해 학습**

1 키루스　　　2 ②
3 ④　　　　4 ③
5 ① 페르시아　② 제국

**어휘 학습**

6 (1) ③ (2) ② (3) ①　　7 ④

**독해 학습**

1 어른이 된 뒤 예언대로 왕이 되어 페르시아를 세운 키루스의 이야기를 다루고 있는 글입니다.

2 키루스는 반란을 일으켜 예언대로 할아버지를 내쫓고 스스로 왕이 되었습니다.

**오답 피하기**

① 키루스는 왕의 손자입니다.
③ 키루스는 왕 놀이를 하다가 귀족의 아들을 때려서 왕을 만나게 되었습니다.
④ 자신을 속인 죄로 신하의 아들을 잡아서 죽인 것은 키루스가 아니라 왕이었습니다.

3 왕은 막 태어난 손자가 자신을 내쫓고 더 위대한 왕이 될 것이라는 예언을 들었습니다. 그래서 손자를 없애 버리라고 신하에게 명령하였습니다.

4 키루스는 왕에게 왕위를 물려받은 것이 아니라, 반란을 일으켜서 왕을 내쫓고 스스로 왕이 되었습니다.

5 왕의 손자였지만 버려진 키루스는 결국 예언대로 왕이 되어 나라를 세웠습니다. 키루스가 세운 나라는 ① 페르시아라고 불리며 훗날 세계적인 ② 제국이 되었습니다.

**어휘 학습**

7 자초지종은 어떤 일이 일어난 처음부터 끝까지의 과정을 의미하는 말입니다. 그러므로 아버지의 말씀은 화분을 어쩌다 깬 건지 처음부터 끝까지의 과정을 이야기하란 뜻입니다.

## 07 고대 그리스 문명을 꽃피운 아테네 사람들

본문 36~39쪽

**독해 학습**

1 ①, ③  2 (1) ○ (2) X (3) ○

3 ②  4 ①

5 ① 폴리스 ② 아테네 ③ 민주 정치

**어휘 학습**

6 (1) ② (2) ③ (3) ①

7 (1) 수호신 (2) 전사 (3) 정치

**독해 학습**

1 고대 그리스의 폴리스였던 아테네 사람들의 삶을 다루고 있는 글입니다. 아테네 사람들은 모든 시민이 나랏일에 참여했습니다.

2 (2) 아테네는 그리스에서 가장 큰 폴리스였습니다.

3 아테네는 강력한 왕이 통치하는 나라가 아니라, 마치 오늘날처럼 모든 시민이 정치에 참여하는 민주 정치를 실시하는 나라였습니다.

4 이 사진은 아테네의 아크로폴리스입니다. 아크로폴리스는 아테네 한가운데에 있는 언덕입니다. 아테네 사람들은 아크로폴리스에 큰 요새와 수호신 아테나의 신전을 짓고 전쟁이 나면 이곳으로 대피했습니다.

5 고대 그리스에는 수많은 도시 국가 ① 폴리스가 세워졌습니다. 그리스에서 가장 큰 폴리스는 전쟁의 여신 아테나를 섬기는 ② 아테네였습니다. 아테네에서는 모든 시민이 참여해 나라의 일을 결정하는 ③ 민주 정치가 발전하였습니다.

## 08 그리스에서 고대 올림픽이 열리다

본문 40~43쪽

**독해 학습**

1 올림픽  2 ②

3 ①  4 ②

5 ① 그리스 ② 월계관

**어휘 학습**

6 (1) ③ (2) ② (3) ①  7 금의환향

**독해 학습**

1 이 글은 고대 그리스에서 열린 올림픽에 대해 이야기하고 있습니다.

2 고대 그리스 사람들은 각자 다른 폴리스에서 살며 때로는 전쟁을 치르기도 했지만, 같은 말을 쓰고 같은 신을 섬기기 때문에 한 민족이라는 생각을 가지고 있었습니다.

3 올림픽은 주로 전투에 필요한 신체 능력을 겨루기 위한 종목들로 이루어져 있었습니다. 그러므로 그림 그리기 대회는 열리지 않았습니다.

4 월계관은 올림픽에서 우승한 사람에게 주는 상이었습니다. 월계관을 받은 올림픽 우승자는 아테네에서 영웅 대우를 받았습니다.

5 고대 ① 그리스에서는 폴리스들이 4년에 한 번 모여 신에게 제사를 지내고, 단합을 위한 경기를 치렀습니다. 이것이 고대 올림픽입니다. 올림픽은 전투에 필요한 신체 능력을 겨루는 종목으로 이루어져 있었습니다. 올림픽에 출전하여 승리를 거둔 사람에게는 올리브 나뭇가지로 만든 ② 월계관을 주었습니다.

**어휘 학습**

7 금의환향은 누군가 큰 성공을 거두고 돌아왔을 때에 사용하는 말입니다. 두기네 삼촌이 크게 성공하고 돌아온 상황이므로 빈칸에는 금의환향이 들어가야 합니다.

## 09 그리스, 마라톤 전투에서 승리하다

본문 44~47쪽

**독해 학습**

1 그리스  2 ②

3 ④  4 ②

5 ① 페르시아 전쟁 ② 마라톤

**어휘 학습**

6 (1) ② (2) ③ (3) ①

7 (1) 계란으로 바위 치기 (2) 새 발의 피

---

**독해 학습**

1 그리스와 페르시아가 치른 마라톤 전투를 다루고 있는 글입니다. 마라톤 전투에서는 그리스가 승리하였습니다.

2 페르시아군은 수만 명의 대군을 이끌고 그리스에 쳐들어왔습니다.

**오답 피하기**

① 밀티아데스는 마라톤 전투를 승리로 이끌었습니다.
③ 페르시아와 그리스군은 아테네와 가까운 마라톤에서 맞붙었습니다.
④ 아테네까지 달려가 승리 소식을 전한 것은 그리스군 전령입니다.

3 그리스 군사의 수는 아주 적어, 수만 명에 이르는 페르시아 군사 수에 비하면 새 발의 피였습니다.

4 이 그림은 마라톤 전투 이후 아테네로 달려가는 전령의 모습입니다. 전령은 그리스의 승리 소식을 전하기 위해 아테네까지 먼 길을 한 번도 쉬지 않고 단숨에 달려갔다고 합니다.

5 거대한 제국 페르시아가 수만 명의 대군을 이끌고 그리스를 공격하며 ① 페르시아 전쟁이 일어났습니다. 밀티아데스가 이끄는 그리스군은 페르시아군에 비해 수가 적었지만, 용감히 싸워서 ② 마라톤 전투에서 크게 승리하였습니다.

## 10 알렉산드로스, 세계 정복을 꿈꾸다

본문 48~51쪽

**독해 학습**

1 ①  2 ①

3 ①  4 ④

5 ① 알렉산드로스 ② 알렉산드리아

**어휘 학습**

6 (1) ② (2) ③ (3) ①  7 (1) 멸망 (2) 패기

---

**독해 학습**

1 이 글은 마케도니아의 왕 알렉산드로스가 세계 정복에 나서는 이야기를 다루고 있습니다.

2 알렉산드로스는 인도를 공격했지만 인도 전체를 정복하지 못했습니다.

3 당시 그리스 사람들은 인도가 세상의 끝이라고 믿었습니다. 그래서 인도를 차지하면 세계를 정복하는 것이라고 생각했습니다.

4 알렉산드로스는 자신이 정복한 땅에 '알렉산드리아'라는 도시를 세우고, 그리스 사람들을 옮겨와 살게 했습니다. 덕분에 알렉산드리아를 중심으로 그리스어와 그리스 문화가 널리 퍼져 나갔습니다. 인도 북부에서 그리스의 조각과 비슷한 불상이 만들어진 것도 그리스 문화의 영향을 받았기 때문입니다.

5 마케도니아의 왕 ① 알렉산드로스는 세계 정복을 꿈꾸며 페르시아를 정복했습니다. 알렉산드로스는 뒤이어 인도까지 정복하려고 했지만 실패했고, 돌아오는 길에 그만 병으로 목숨을 잃었습니다. 하지만 알렉산드로스는 정복한 땅 곳곳에 ② 알렉산드리아라는 도시를 세웠고, 덕분에 그리스의 언어와 문화가 세계 곳곳에 널리 퍼져 나갔습니다.

## 11 싯다르타, 불교를 만들다

본문 54~57쪽

**독해 학습**

1 불교　　　　　　　2 ③

3 ④　　　　　　　　4 ③

5 ① 싯다르타　② 부처

**어휘 학습**

6 (1) ③ (2) ① (3) ②　　　7 (1) ② (2) ①

---

**독해 학습**

1 이 글은 인도의 한 작은 나라의 왕자였다가, 수행 끝에 깨달음을 얻고 불교를 만든 싯다르타 왕자의 이야기입니다.

2 싯다르타는 불교를 만들었고, 부처라고도 불립니다. 싯다르타는 왕자였지만 인도를 다스리는 왕이 되지는 않았습니다.

3 싯다르타는 수행자의 모습을 보고 아무도 없는 숲속에서 홀로 몇 년이나 곰곰이 생각을 거듭한 끝에 깨달음을 얻고 불교를 만들었습니다.

4 싯다르타는 생로병사의 고통을 겪는 노인을 보고, 인간이 삶의 괴로움에서 벗어나려면 어떻게 해야 하는지 고민하게 되었습니다. 영원히 사는 방법을 찾으려고 한 것이 아닙니다.

5 인도의 작은 왕국의 왕자였던 ① 싯다르타는 생로병사의 고통에서 벗어날 수 있는 방법을 고민하다가 궁전을 떠나 수행하여 깨달음을 얻었습니다. 깨달음을 얻은 싯다르타는 마음속에 있는 욕심을 버리면 누구나 행복해질 수 있다는 가르침을 널리 전하고 불교를 만들었습니다. 훗날 사람들은 싯다르타를 '깨달은 사람'이라는 의미로 ② 부처라고 불렀습니다.

**어휘 학습**

7 (1) 군사들이 적군 몰래 작전을 생각하거나 계획한 대로 실행하는 데 성공했다는 뜻의 문장입니다.
(2) 스님이 오랜 세월 몸과 마음을 바르게 갈고닦은 끝에 깨달음을 얻었다는 뜻의 문장입니다.

---

## 12 불교의 가르침대로 인도를 다스린 아소카왕

본문 58~61쪽

**독해 학습**

1 ③　　　　　　　2 (1) X (2) ○ (3) ○ (4) ○

3 ④　　　　　　　4 불교

5 ① 아소카　② 인도

**어휘 학습**

6 (1) ③ (2) ① (3) ②　　　7 (1) 아수라장 (2) 칭송

---

**독해 학습**

1 인도의 아소카왕에 대한 글입니다. 아소카왕은 큰 전쟁을 벌여 많은 사람을 죽였다가, 자신의 잘못을 뉘우치고 불교의 가르침에 따라 나라를 다스렸습니다.

2 (1) 불교를 만든 사람은 싯다르타입니다.

3 불교로 나라를 다스리기로 한 아소카왕은 생명을 소중히 여기라는 불교의 가르침을 따르기 위해 더 이상 전쟁을 벌이지 않았습니다.

4 아소카왕은 백성들도 자신처럼 불교의 가르침을 따르기를 바랐습니다. 그래서 사진처럼 부처님의 가르침을 새긴 돌기둥을 인도 곳곳에 세워서 불교를 퍼뜨리려고 했습니다.

5 ① 아소카왕은 인도 땅을 크게 넓혔지만, 전쟁터에서 많은 사람을 죽인 것을 후회했습니다. 지난날을 반성한 아소카왕은 부처님의 가르침대로 나라를 평화롭게 다스렸으며, 그가 다스리는 나라인 ② 인도 곳곳에 불교를 널리 퍼뜨렸습니다.

## 13 관중과 포숙아, 깊은 우정을 나누다

본문 62~65쪽

**독해 학습**

1 ②　　　　　　　2 ③

3 ④　　　　　　　4 ③

5 ① 관중 ② 포숙아 ③ 관포지교

**어휘 학습**

6 (1) ② (2) ① (3) ③　　　7 고사성어

**독해 학습**

1 이 글은 고사성어 '관포지교'에 얽힌 이야기를 다루고 있습니다. 관포지교는 관중과 포숙아의 진정한 우정 이야기에서 생겨난 고사성어입니다.

2 관중은 가난했고, 홀로 계신 어머니를 모시는 사람이었습니다.

　**오답 피하기**
　① 관중이 아니라 포숙아에 대한 설명입니다.
　②④ 포숙아가 아니라 관중에 대한 설명입니다.

3 관포지교는 관중과 포숙아의 깊은 우정 이야기에서 탄생한 고사성어입니다. 이 이야기를 통해 친구의 어려움을 이해하고 감싸주는 것이 참된 우정이라는 교훈을 얻을 수 있습니다.

4 관중이 전쟁터에서 도망쳐 사람들에게 비난을 받자, 포숙아는 혼자 계신 어머니가 걱정되어 그런 것이라며 관중을 감쌌습니다. 관중이 혼자 계신 어머니를 두고 도망친 것이 아닙니다.

5 옛날 중국의 ① 관중과 ② 포숙아는 서로 처지가 달랐지만, 어려서부터 깊은 우정을 쌓았습니다. 관중과 포숙아의 변함없는 우정은 우정이 아주 두터운 친구 사이를 뜻하는 ③ 관포지교라는 고사성어를 통해 오늘날까지 전해져 오고 있습니다.

## 14 부차와 구천, 서로 복수를 다짐하다

본문 66~69쪽

**독해 학습**

1 원수, 장작더미　　2 (1) ③, ④ (2) ①, ②

3 ④　　　　　　　4 ③

5 와신상담

**어휘 학습**

6 (1) ③ (2) ① (3) ②

7 (1) 장작더미 (2) 치욕 (3) 유언

**독해 학습**

1 오나라와 월나라는 여러 차례 싸우면서 원수 사이가 되었습니다. 부차는 아버지의 원수를 잊지 않기 위해 장작더미 위에서 잠을 잤고, 구천은 부차의 시중을 들었던 치욕을 씻기 위해 쓰디쓴 쓸개를 핥았습니다.

2 (1) 오나라 왕 부차는 월나라 구천에게 아버지를 잃고, 복수를 다짐하며 편한 잠자리 대신 장작더미 위에서 잠을 잤습니다. 그리고 오나라 군사들을 밤낮으로 훈련시켜 강력한 군대로 만들었습니다.
(2) 월나라 왕 구천은 오나라와의 두 번째 싸움에서 져 오나라의 신하가 되어 부차의 시중을 들었습니다. 이후 월나라로 돌아온 구천은 복수를 다짐하며 쓸개를 핥았습니다.

3 춘추 전국 시대는 중국 여러 나라들이 경쟁하며 끊임없이 전쟁을 벌이던 때였습니다.

4 부차는 복수심에 매일 밤 편한 자리를 마다하고 늘 장작더미 위에서 잠을 잤습니다.

5 부차와 구천이 복수를 다짐하면서 힘을 기른 이야기에서 '불편한 장작더미 위에 누워 잠자고 쓸개를 맛본다.'라는 뜻을 가진 '와신상담'이라는 고사성어가 나왔습니다.

## 15 공자, 제자에게 인을 가르치다

본문 70~73쪽

**독해 학습**

1 ②　　　　　　　　　 2 ②, ④

3 (1) X (2) ○ (3) X (4) X　4 ④

5 ① 공자 ② 인 ③ 유교

**어휘 학습**

6 (1) ② (2) ③ (3) ①　　 7 (1) ② (2) ①

---

**독해 학습**

1 이 글은 중국의 유명한 학자인 공자에 얽힌 이야기입니다. 공자는 제자 안회가 포목점에서 겪은 일을 통해 사람을 가장 소중히 여겨야 한다는 인(仁)을 가르치고 있습니다.

2 공자는 중국의 유명한 학자로, 뛰어난 인품과 학식을 지녀 따르는 제자가 많았습니다. 공자는 늘 남을 헤아리며, 사람을 소중히 여겨야 한다는 인(仁)을 가르쳤습니다. 이런 공자의 가르침을 따르는 종교를 '유교'라고 합니다.

**오답 피하기**

③ 안회는 공자가 가장 아끼고 사랑한 제자였습니다.

3 (1) 포목점 손님은 3 곱하기 8을 23이라고 잘못 계산하였습니다.
(3) 포목점 주인은 옷감 값을 제대로 계산하였습니다.
(4) 공자가 포목점 손님의 편을 들어 주었기 때문에 목숨을 잃지 않았습니다.

4 공자는 포목점 손님과 다투는 안회에게 옳고 그름을 가리는 것보다 사람의 목숨이 더 중요하다고 말했습니다. 안회는 공자의 가르침에 따라 사람을 가장 소중히 여겨야한다는 깨달음을 얻었습니다.

5 중국의 유명한 학자였던 ① 공자는 뛰어난 인품과 학식으로 많은 제자를 거느렸습니다. 공자는 사람을 가장 소중히 여기는 마음인 ② 인을 가르쳤습니다. 공자를 따르는 사람들이 점차 많아지며 ③ 유교가 탄생했습니다.

**어휘 학습**

7 (1) 비단은 옷감의 한 종류입니다. 그러므로 이 문장에서 '필'은 '일정한 길이로 말아 놓은 옷감을 세는 단위'의 뜻으로 쓰입니다.
(2) 이 문장에서 '필'은 말이나 소를 세는 단위의 뜻으로 쓰입니다.

---

## 16 중국을 통일한 시황제, 백성을 괴롭히다

본문 76~79쪽

**독해 학습**

1 시황제　　　　　　　 2 ③, ④

3 ①　　　　　　　　　 4 ③

5 ① 시황제 ② 만리장성

**어휘 학습**

6 (1) ③ (2) ② (3) ①

7 (1) 비판 (2) 오랑캐 (3) 세금

---

**독해 학습**

1 진나라의 시황제는 중국을 최초로 통일하였습니다. 하지만 진나라 사람을 마구 부리며 괴롭혔습니다.

2 시황제는 여러 나라로 쪼개져 있던 중국을 처음으로 통일하였습니다. 반면, 영원히 살 수 있는 약을 구하기 위해 세금을 펑펑 낭비하였습니다.

**오답 피하기**

① 시황제는 황제가 되고 나서 10년 후에 병으로 죽었습니다.
② 시황제는 자신을 비판하는 책을 쓴 학자들을 죽이고 책을 불태웠습니다.

3 시황제는 지역마다 달랐던 문자와 화폐를 통일해 백성의 불편을 줄여주었습니다.

4 만리장성은 시황제가 북쪽에 사는 다른 민족을 막기 위해 세우기 시작한 성벽입니다.

**오답 피하기**

① ④ 만리장성은 수천 킬로미터가 넘는 성벽으로, 짓는 데만 수 년 이상 걸렸습니다. 이때 동원된 많은 사람이 죽거나 다쳤습니다.
② 만리장성은 시황제가 중국을 통일한 뒤에 지어지기 시작했습니다.

5 진나라의 ① 시황제는 여러 나라로 나뉘어 있던 중국을 최초로 통일하였습니다. 시황제는 사람들을 시켜 화려한 궁전과 자신의 거대한 무덤을 지었습니다. 또 북쪽의 이민족을 막기 위해 긴 성벽인 ② 만리장성을 쌓았습니다.

## 17 유방, 항우를 꺾고 중국을 차지하다

본문 80~83쪽

**독해 학습**

1 ③  　　　　　　　　2 ②

3 ①  　　　　　　　　4 ① 유방 ② 항우

5 ① 유방 ② 한

**어휘 학습**

6 (1) ② (2) ③ (3) ①  　　7 (1) 궁지 (2) 영웅호걸

---

**독해 학습**

1 유방과 항우가 중국을 두고 벌인 전쟁을 다룬 글입니다. 유방은 경쟁자 항우를 물리치고 중국을 차지하였습니다.

2 유방은 보잘것없는 집안 출신이었지만, 베풀기를 좋아해서 따르는 사람들이 많았습니다.

　**오답 피하기**
　③ 유방의 작전에 휘말린 항우는 궁지에 몰린 끝에 스스로 목숨을 끊었습니다.
　④ 자기 힘만 믿고 으스대 많은 사람을 적으로 돌린 사람은 항우입니다.

3 사면초가는 '사방에서 들리는 초나라 노래'라는 뜻으로, 항우가 유방의 군대에 둘러싸인 상황에서 유래했습니다. 항우는 사방에서 들리는 초나라 노래에 자신의 군사들이 모두 유방에게 넘어갔다고 생각하였고, 끝내 목숨을 끊었습니다. 사면초가는 도움받을 곳이 없어 외롭고 힘든 상태를 뜻합니다.

4 장기는 유방과 항우의 대결에서 유래한 놀이입니다. 빨간 말의 漢(한)이라는 글자는 ① 유방의 한나라를, 파란 말의 楚(초)라는 글자는 ② 항우의 초나라를 뜻합니다.

5 진나라가 망한 뒤 중국을 차지하기 위해 ① 유방과 항우가 전쟁을 벌였습니다. 처음에는 항우가 유리했지만, 많은 영웅호걸이 유방의 편에 서며 점차 불리해졌습니다. 유방은 마지막 전투에서 초나라 노래를 이용해 항우를 궁지로 몰았고, 결국 항우는 스스로 목숨을 끊었습니다. 유방은 중국을 통일해 ② 한나라의 첫 번째 황제가 되었습니다.

---

## 18 사마천, 최고의 역사책 《사기》를 짓다

본문 84~87쪽

**독해 학습**

1 ②, ③  　　　　　2 (1) ○ (2) X (3) X (4) X

3 ④  　　　　　　　4 ②

5 ① 사기 ② 사마천

**어휘 학습**

6 (1) ② (2) ① (3) ③  　　7 절치부심

---

**독해 학습**

1 사마천은 아버지의 뜻을 이어 중국 최고의 역사책《사기》를 만들었습니다.

2 (2) 사마천은 15년 만에《사기》를 완성하였습니다.
　(3) 사마천은 아버지의 바람을 이루기 위해 죽는 대신 궁형을 받았습니다.
　(4) 사마천은 황제 앞에서 적에게 항복한 장군을 감싸다가 황제의 눈 밖에 났습니다.

3 《사기》에는 중국의 왕들에게 일어났던 여러 사건과 영웅호걸 이야기, 각종 제도가 기록되어 있습니다.

　**오답 피하기**
　①《사기》는 모두 합쳐서 130권이었습니다.
　② 우리나라의《삼국사기》는《사기》를 본떠 지은 책입니다.
　③《사기》에는 중국의 시작부터 사마천이 살던 한나라 시대까지의 중국 역사가 담겨 있습니다.

4 사마천은 돈을 내고 궁형을 피하지 않았습니다.

5 《① 사기》는 ② 사마천이 쓴 역사책입니다. 사마천은《사기》에서 중국의 시작부터 한나라 때까지의 역사를 다루었습니다. 《사기》는 오늘날 세계에서 손꼽는 최고의 역사책 중 하나입니다.

**어휘 학습**

7 선애는 지난 축구 대회 때 반칙으로 진 것이 억울하였고, 올해 꼭 패배를 갚겠다고 각오를 다지고 있습니다. 따라서, 빈칸에는 억울한 일을 겪은 뒤 복수하거나 다시 일어설 결의를 다질 때 쓰는 사자성어 '절치부심'이 들어가야 합니다.

# 19 장건, 비단길을 열다

본문 88~91쪽

### 독해 학습

**1** ①, ④      **2** ②, ③

**3** ④      **4** ③

**5** ① 장건 ② 비단길

### 어휘 학습

**6** (1) ② (2) ③ (3) ①

**7** (1) 특산물 (2) 감시 (3) 무역로

---

### 독해 학습

**1** 장건이 사신으로서 월지로 다녀온 길은 훗날 '비단길'이라고 불리는 중요한 무역로가 되었습니다.

**2** 장건이 월지로 갔던 길을 따라 중국에서 서역으로 가는 길이 열렸습니다. 월지로 향하던 장건은 흉노의 포로가 되어 십 년 넘게 붙잡혀 있었습니다.

**오답 피하기**
① 장건은 한나라의 사신이었습니다.

**3** 밑줄 친 '이 길'은 '비단길'입니다. 종이 만드는 기술은 비단길을 지나 중국에서 유럽으로 퍼졌습니다.

**4** 월지는 새롭게 자리 잡은 곳이 살기 편했기 때문에 한나라와 힘을 합쳐 흉노와 싸울 생각이 전혀 없었습니다.

**5** 한나라는 흉노를 물리치기 위해 ① 장건을 월지에 사신으로 보냈습니다. 장건은 월지로 가는 길에 흉노에게 붙잡혀 포로가 되었으나, 몰래 탈출해 간신히 월지에 도착하였습니다. 하지만 월지는 한나라와 힘을 합쳐 흉노와 싸울 생각이 없었고, 장건은 빈손으로 돌아갔습니다. 훗날, 장건이 월지에 다녀온 길은 유럽과 아시아를 잇는 중요한 무역로 ② 비단길이 되었습니다.

---

# 20 늑대 젖을 먹고 자란 로물루스, 로마를 세우다

본문 92~95쪽

### 독해 학습

**1** ①      **2** ④

**3** (1) X (2) ○ (3) X (4) ○    **4** ①

**5** ① 로물루스 ② 로마

### 어휘 학습

**6** (1) ③ (2) ① (3) ②      **7** (1) ② (2) ①

---

### 독해 학습

**1** 이 글은 로마 건국에 얽힌 이야기를 다루고 있습니다.

**2** 어른이 된 로물루스와 레무스는 자신들을 죽이려고 했던 왕을 내쫓아 복수했습니다.

**오답 피하기**
① 두 사람은 공주의 아들로 태어났습니다.
② 두 사람은 다툼 끝에 각자 나라를 세웠습니다.
③ 두 사람은 늑대 덕분에 살아남았습니다.

**3** (1) 로마는 형 로물루스가 세운 나라입니다.
(3) 로마는 처음에는 아주 작고 별 볼 일 없는 마을이었습니다. 하지만 주변 나라와 활발히 교류하며 크게 발전하였습니다.

**4** 쌍둥이 형제 로물루스와 레무스는 강물에 떠내려가던 중 늑대에게 발견되었습니다. 늑대는 두 형제를 자신의 새끼처럼 젖을 먹여 키웠습니다.

**5** 공주가 낳은 쌍둥이 형제 ① 로물루스와 레무스는 왕에 의해 목숨을 잃을 뻔했지만, 늑대와 양치기의 도움으로 목숨을 구했습니다. 청년이 된 쌍둥이 형제는 왕을 내쫓고 각자 다른 곳에 나라를 세웠습니다. 형인 로물루스가 세운 ② 로마는 점차 발전하여 이후 대제국으로 성장하게 되었습니다.

### 어휘 학습

**7** (1) 이 문장의 '지배'는 본능이라는 요인이 사람의 생각이나 행동에 적극적으로 영향을 끼친다는 뜻으로 쓰였습니다.
(2) 이 문장의 '지배'는 임금이 폭력과 공포로 사람들을 자기의 뜻대로 복종하게 하여 다스린다는 뜻으로 쓰였습니다.

## 21 로마에서 공화정이 탄생하다

본문 98~101쪽

**독해 학습**

1 투표
2 ④
3 ③
4 ④
5 공화정

**어휘 학습**

6 (1) ③ (2) ① (3) ②
7 (1) ① (2) ②

**독해 학습**

1 로마의 공화정은 왕 대신에 나라를 잘 다스릴 만한 지도자 두 명을 투표로 뽑아 나랏일을 맡아보게 한 제도입니다.

2 왕자는 자신의 권력을 마구 휘둘러 루크레티아를 협박했습니다. 루크레티아가 스스로 목숨을 끊자, 분노한 로마인들은 왕궁으로 쳐들어가 왕자를 처형하고 왕을 쫓아냈습니다.

3 로마 사람들은 1년마다 투표를 통해 나랏일을 맡을 사람을 뽑았습니다.

4 공화정이 시작된 이후, 나라의 중요한 일은 높은 귀족들이 모인 원로원에서 결정하였습니다.

**오답 피하기**

② 로마 사람들은 두 명의 지도자를 뽑아 나라를 다스리게 했습니다.

5 로마는 원래 왕이 다스리는 나라였습니다. 하지만 왕자의 협박으로 루크레티아가 스스로 목숨을 끊자, 로마인들이 분노하여 왕을 몰아냈습니다. 로마인들은 다른 왕을 모시는 대신, 여러 사람이 힘을 모아 나라를 다스리는 공화정을 새롭게 실시하였습니다.

**어휘 학습**

7 (1) 이 문장의 '정체'는 가면이 벗겨져 참된 본래의 모습이 드러났다는 뜻으로 쓰였습니다.
(2) 이 문장의 '정체'는 고속도로에 차가 가득해 나아가지 못하고 한자리에 머물러 있다는 뜻으로 쓰였습니다.

## 22 한니발, 로마를 벼랑 끝으로 몰아넣다

본문 102~105쪽

**독해 학습**

1 ①
2 ②, ④
3 ④
4 ① 한니발 ② 스키피오
5 한니발은, 스키피오, 로마, 카르타고

**어휘 학습**

6 (1) ① (2) ② (3) ③
7 (1) 허둥지둥 (2) 안도

**독해 학습**

1 이 글은 카르타고 장군 한니발이 일으킨 전쟁을 다루고 있습니다. 한니발은 군대를 이끌고 로마를 공격해 위기에 빠뜨렸습니다.

2 한니발은 로마의 경쟁국이었던 카르타고의 장군으로, 높고 험한 알프스산맥을 넘어 로마를 공격했습니다.

3 스키피오는 한니발을 직접 상대하는 대신 카르타고를 공격했습니다. 카르타고 사람들은 급하게 한니발을 불러들였고, 한니발은 승리를 눈앞에 두고 카르타고로 돌아가야 했습니다.

4 한니발은 알프스산맥을 넘어 로마를 공격하였고, 스키피오는 군대를 이끌고 카르타고로 쳐들어갔습니다.

5 카르타고의 장군 한니발은 알프스산맥을 넘어 로마를 공격하여 로마를 위기에 빠뜨렸습니다. 그러나 로마는 스키피오의 꾀 덕분에 위기에서 벗어났습니다. 그 후 다시 공격을 받을까 두려웠던 로마는 카르타고로 쳐들어가 카르타고를 완전히 멸망시켰습니다.

## 23 자유를 위해 싸운 검투사 스파르타쿠스

본문 106~109쪽

**독해 학습**

1 ①, ③　　　　　　2 ①

3 (1) ○ (2) ○ (3) ○ (4) X　4 ②

5 ① 로마　② 스파르타쿠스

**어휘 학습**

6 (1) ① (2) ③ (3) ②　　7 ④

---

**독해 학습**

1 스파르타쿠스는 로마의 노예로서 자유를 얻기 위해 동료 노예들을 모아 반란을 일으켰습니다.

2 검투사 경기를 좋아했던 건 로마 시민이었습니다.

3 (4) 로마 귀족들은 스파르타쿠스를 왕으로 모시지 않았습니다.

4 로마 사람들은 노예들이 벌이는 검투사 경기를 좋아했습니다. 검투사 경기는 매일같이 열린 데다, 어느 한쪽이 죽어야만 경기가 끝났습니다. 그래서 많은 노예가 검투사 경기에서 목숨을 잃었습니다.

　**오답 피하기**

　① 검투사는 로마 시민이 아닌 노예였습니다.

5 옛날 ① 로마에는 노예들이 있었습니다. 하지만 노예는 인간다운 대접을 받지 못했습니다. 노예 중 한 사람이었던 검투사 ② 스파르타쿠스는 자유를 위해 다른 노예들과 힘을 합쳐 반란을 일으켰습니다. 스파르타쿠스는 2년 동안 반란을 이끌며 로마를 깜짝 놀라게 하였습니다.

**어휘 학습**

7 오합지졸은 규율이 없고 무질서한 군중을 의미하는 사자성어입니다. 따라서 이 문장에서 오합지졸은 잘못 쓰인 말입니다.

---

## 24 로마의 최고 지도자가 된 카이사르

본문 110~113쪽

**독해 학습**

1 ③　　　　2 (1) ○ (2) ○ (3) X (4) X

3 ④　　　　4 ④

5 ① 카이사르　② 로마

**어휘 학습**

6 (1) ② (2) ③ (3) ①　　7 (1) 야망　(2) 독재

---

**독해 학습**

1 로마의 장군 카이사르는 군대를 이끌고 로마로 쳐들어가 귀족들을 쫓아내고 권력을 독차지했습니다.

2 (3) 카이사르는 귀족들을 쫓아내고 최고 지도자가 되어 자기 뜻대로 로마를 다스렸습니다.
(4) 카이사르는 혼자 로마로 돌아오라는 귀족들의 명령을 거부하고 군대와 함께 로마로 향했습니다.

3 귀족들은 시민들에게 인기가 좋은 카이사르가 자신들의 말을 무시하고 자기 멋대로 로마를 다스릴지도 모른다고 생각했습니다. 그래서 카이사르를 죽이려는 음모를 꾸몄습니다.

4 카이사르는 군대를 이끌고 로마로 쳐들어가 귀족들을 내쫓아 버리기로 하였습니다. 카이사르는 자신의 결정을 바꿀 수 없다는 뜻에서 "주사위는 던져졌다!"라고 외친 뒤 강을 건넜습니다. 귀족들은 군대를 꾸려 카이사르와 싸웠지만 패배하였고, 카이사르는 반란을 성공시켜 로마의 최고 권력자가 되었습니다.

5 로마의 뛰어난 장군이었던 ① 카이사르는 로마의 영토를 넓혀 시민들의 지지를 받았습니다. 카이사르의 인기가 높아지자, 귀족들은 카이사르를 제거할 음모를 꾸몄습니다. 이를 알아차린 카이사르는 반란을 일으켜 ② 로마의 최고 지도자가 되었습니다.

## 25 이집트의 마지막 파라오 클레오파트라

본문 114~117쪽

**독해 학습**

1 ③                    2 클레오파트라

3 ③                    4 ④

5 이집트, 로마, 동맹을 맺어, 이집트, 로마

**어휘 학습**

6 (1) ② (2) ③ (3) ①      7 (1) ② (2) ①

**독해 학습**

1 이 글의 클레오파트라는 카이사르의 도움으로 남동생에게 빼앗긴 왕위를 되찾아 이집트의 파라오가 되었습니다.

2 클레오파트라는 남동생에게 이집트 파라오의 자리를 빼앗겼습니다. 클레오파트라는 파라오 자리를 되찾기 위해 꾀를 써서 로마의 지도자 카이사르를 만났습니다. 이후 카이사르의 도움을 받아 남동생을 무찔렀고, 다시 이집트의 파라오가 되었습니다.

3 클레오파트라는 카이사르가 도와준다면 남동생에게서 파라오의 자리를 되찾을 수 있다고 생각했습니다.

4 클레오파트라는 스스로 목숨을 끊었습니다.

5 이집트 왕위에서 쫓겨난 클레오파트라는 로마의 장군 카이사르와 동맹을 맺어 왕위를 되찾았습니다. 그러나 카이사르가 암살 당하자, 로마와 이집트 두 나라의 관계는 나빠졌고 전쟁이 일어났습니다. 전쟁에서 패배한 이집트는 로마의 지배를 받게 되었습니다.

**어휘 학습**

7 (1) 이 문장에서 '대담'은 배짱이 크거나 용감하지 못하다는 뜻으로 쓰였습니다.
(2) 이 문장에서 '대담'은 클레오파트라와 카이사르 두 사람이 마주 대하고 말한다는 뜻으로 쓰였습니다.

## 26 옥타비아누스, 로마의 황제가 되다

본문 120~123쪽

**독해 학습**

1 ① 안토니우스 ② 황제   2 (1) ① (2) ②

3 (1) ○ (2) X (3) ○ (4) ○   4 ③

5 ① 옥타비아누스 ② 로마

**어휘 학습**

6 (1) ③ (2) ② (3) ①      7 (1) ① (2) ②

**독해 학습**

1 옥타비아누스는 경쟁자였던 ① 안토니우스를 무찌르고 로마의 첫 번째 ② 황제가 되었습니다.

2 (1) 안토니우스는 클레오파트라와 사랑에 빠져 아이를 낳았습니다. 그 후 자신의 모든 재산과 땅을 클레오파트라와 아이에게 물려주려 했습니다.
(2) 옥타비아누스는 로마를 이집트에게 넘기겠다고 선언한 안토니우스를 없애고 로마의 황제가 되었습니다.

3 (2) 옥타비아누스가 안토니우스를 몰아내고 이집트를 점령하였습니다.

4 로마 동쪽을 다스린 사람은 안토니우스입니다. 옥타비아누스는 로마 서쪽을 다스렸습니다.

5 카이사르가 세상을 떠난 뒤, 후계자였던 ① 옥타비아누스가 경쟁자 안토니우스를 물리치고 ② 로마의 황제가 되었습니다. 그 후 로마는 오랜 평화를 누리며 발전하였습니다.

**어휘 학습**

7 (1) 이 문장에서 '손잡다'는 엄마, 아빠의 손을 마주 잡았다는 뜻으로 쓰였습니다.
(2) 이 문장에서 '손잡다'는 정부와 기업이 서로 힘을 합하여 함께 일한다는 뜻으로 쓰였습니다.

## 27 크리스트교를 창시한 예수

본문 124~127쪽

**독해 학습**

1 ②　　　　　　　　2 ④

3 (1) X (2) X (3) ○ (4) ○　4 ②

5 ① 예수　② 크리스트교

**어휘 학습**

6 (1) ② (2) ① (3) ③　　7 (1) 판결 (2) 위로 (3) 모함

**독해 학습**

1 이 글은 이스라엘 사람인 예수가 크리스트교를 창시하게 된 이야기를 다루고 있습니다.

2 예수는 자신이 하느님의 아들이라고 말했습니다.

3 (1) 이스라엘의 사제들은 예수가 로마 제국에 반란을 일으킬 것이라고 모함했습니다. 하지만 재판관이 아무리 살펴봐도 반란에 대한 증거를 찾을 수 없었습니다.
(2) 십자가형은 죄인의 손과 발을 못으로 박고, 높은 곳에 매달아 죽이는 끔찍한 형벌이었습니다.

4 예수는 가난한 자에게 복이 있으니, 지금은 힘들고 고통스러워도 하느님을 믿으면 천국에 가게 될 것이라 하였습니다.

5 이스라엘에서 태어난 ① 예수는 하느님을 믿고 사랑을 베푼다면 고통에서 구원받게 될 것이라는 가르침을 전하였습니다. 사람들은 예수를 구원자라는 뜻의 '그리스도'라고 부르며 따랐습니다. 예수가 처형된 뒤에도 그 가르침은 멀리 퍼져 나갔습니다. 예수의 가르침을 따르는 종교를 ② 크리스트교라고 합니다.

## 28 화산 폭발로 사라진 폼페이

본문 128~131쪽

**독해 학습**

1 ①, ③　　　　　　　2 ③

3 ④　　　　　　　　4 ③

5 ① 폼페이　② 베수비오

**어휘 학습**

6 (1) ③ (2) ① (3) ②

7 (1) 천재지변 (2) 절체절명

**독해 학습**

1 이 글은 폼페이에서 일어난 화산 폭발을 다루고 있습니다. 폼페이는 베수비오 화산의 폭발로 하루아침에 사라져 버렸습니다.

2 폼페이 사람 일부는 간신히 도시를 빠져나와 배를 타고 바다로 몸을 피하였습니다.

3 화산 폭발로 폼페이는 도시 전체가 화산재에 파묻히는 재앙을 맞이하였습니다.

4 폼페이는 갑작스러운 화산 폭발로 도시가 통째로 파묻혔습니다. 하지만 도시의 옛 모습이 화석처럼 그대로 남아 오늘날까지 그 모습이 전해지고 있습니다.

5 로마의 남쪽 도시 ① 폼페이는 역사가 깊고 상업이 번성한 대도시였습니다. 어느 날, 폼페이에 있던 ② 베수비오 화산이 폭발하며 내뿜은 화산재가 도시 전체를 덮쳤고, 도시는 순식간에 사라졌습니다. 하지만 폼페이는 도시 전체가 고스란히 화석처럼 남아 오늘날까지 옛 모습을 전하고 있습니다.

## 29 콘스탄티누스, 크리스트교를 공인하다

**독해 학습**

1 ①, ③　　　　　　2 (1) ○ (2) X (3) X (4) ○

3 ②　　　　　　　4 ②

5 ① 콘스탄티누스　② 크리스트교

**어휘 학습**

6 (1) ① (2) ③ (3) ②　　7 (1) ② (2) ① (3) ③

---

**독해 학습**

1 콘스탄티누스는 꿈에서 신의 계시를 받아 전쟁에서 승리를 거뒀고, 크리스트교를 공인했습니다.

2 (2) 콘스탄티누스는 크리스트교 신자에게 빼앗은 재산을 모두 돌려주라고 명령하였습니다.
(3) 사치에 몰두했던 사람들은 콘스탄티누스가 아닌 로마 귀족들입니다. 콘스탄티누스는 황제가 되어 로마 제국에 평화를 가져다주었습니다.

3 '공인'은 국가나 공공 단체, 사회에서 정식으로 인정한다는 뜻입니다. 따라서 크리스트교를 공인한다는 것은 사람들이 크리스트교를 믿을 수 있도록 허락한다는 것입니다.

4 콘스탄티누스는 모두의 옷에 십자가를 그리고 전쟁에 나서게 했습니다.

5 어느 날, 로마의 장군이었던 ① 콘스탄티누스는 십자가가 나오는 꿈을 꾸었습니다. 콘스탄티누스는 꿈에서 들은 대로 옷에 십자가를 그리고 전쟁에 나가 승리를 거두었습니다. 이후 로마의 황제가 된 콘스탄티누스는 그동안 로마에서 탄압받았던 ② 크리스트교를 공인하여 누구나 믿을 수 있도록 하였습니다.

**어휘 학습**

7 (1) 이 문장에서 '뿌리내리다'는 다른 곳에 자리를 잡아 살거나 일한다는 뜻으로 쓰였습니다.
(2) 감나무는 식물입니다. 그러므로 이 문장에서 '뿌리내리다'는 '식물의 뿌리를 땅에 박다.'라는 뜻으로 쓰였습니다.
(3) 이 문장에서 '뿌리내리다'는 크리스트교 문화가 유럽 사람들의 생활 곳곳에 깊고 튼튼하게 자리를 잡았다는 뜻으로 쓰였습니다.

---

## 30 로마 제국을 공포에 떨게 한 아틸라

**독해 학습**

1 로마　　　　　　2 ②, ③, ④

3 ③　　　　　　　4 훈족

5 아틸라

**어휘 학습**

6 (1) ③ (2) ① (3) ②

7 (1) 걸음아 날 살려라　(2) 국경　(3) 흉흉하다

---

**독해 학습**

1 훈족의 지도자 아틸라를 다룬 글입니다. 훈족의 왕이었던 아틸라는 로마 제국을 공격하며 악명을 떨쳤습니다.

2 아틸라의 말타기와 활쏘기 솜씨는 훈족 중에서도 제일이었으며, 무자비한 사람으로 전쟁터에서 악명을 떨쳤습니다. 다시 말해, 아틸라는 로마 사람들에게 공포의 상징이었습니다.

3 로마 사람들은 무자비한 아틸라를 보고 하느님이 로마를 벌하러 보낸 사람이라 생각했습니다. 아틸라는 전쟁터에서 크게 악명을 떨치며 '신의 채찍'이라고 불리게 되었습니다.

4 아틸라가 이끄는 훈족은 사납고 잔인하기로 유명했습니다. 훈족은 말이 거세게 달릴 때도 자유자재로 몸을 움직였고, 활도 잘 쏘았습니다. 훈족은 주변 마을이나 로마 국경에 있는 도시들을 공격해 약탈을 일삼았습니다.

5 훈족의 왕 아틸라는 사납고 잔인하여, 저항하는 모든 도시와 마을을 폐허로 만들었습니다. 아틸라는 훈족 중에서도 말타기와 활쏘기 솜씨가 가장 뛰어났습니다. 아틸라는 로마를 침략하여 로마 사람들을 공포로 몰아넣었습니다.

**16**　용선생 15분 세계사 독해 1권

본문 30쪽

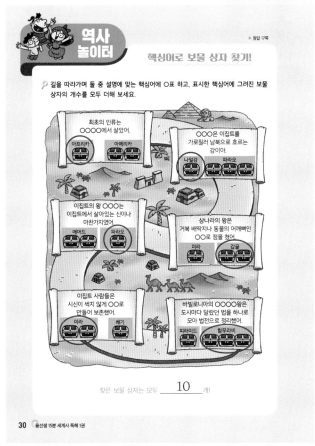

역사 놀이터
핵심어로 보물 상자 찾기!

▶정답 17쪽

길을 따라가며 둘 중 설명에 맞는 핵심어에 ○표 하고, 표시한 핵심어에 그려진 보물 상자의 개수를 모두 더해 보세요.

찾은 보물 상자는 모두 __10__ 개!

본문 52쪽

역사 놀이터
가로세로 핵심어 찾기!

▶정답 17쪽

가로세로 열쇠 힌트를 읽고, 알맞은 핵심어를 넣어 가로세로 역사 퍼즐을 완성해 보세요.

가로 열쇠
❶ 키루스가 세운 나라야. ○○○○는 훗날 세계를 호령하는 대제국으로 발돋움했어.
❹ 그리스는 ○○○ 전투에서 페르시아를 크게 무찔렀어.
❺ 고대 그리스 사람들은 4년마다 ○○○을 열어 여러 운동 종목을 겨루었어.
❻ 마케도니아의 왕 ○○○○○○는 페르시아를 쳐부수고 세 대륙에 걸쳐 드넓은 대제국을 건설했어.

세로 열쇠
❷ ○○○는 고대 그리스의 대표적인 폴리스야. 아테나 여신을 수호신으로 섬겼어.
❸ 아테네에서는 시민들이 정치에 참여하는 ○○ ○○가 발전했어.
❼ 고대 그리스의 도시 국가를 일컫는 말이야. 여러 ○○○는 하루가 멀다 하고 전쟁을 벌였어.

본문 74쪽

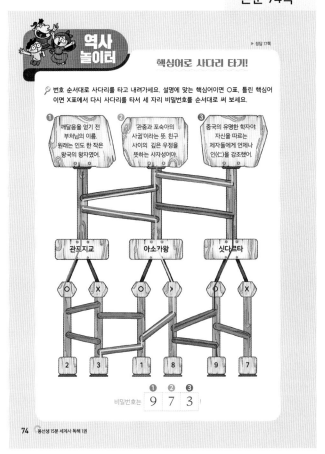

역사 놀이터
핵심어로 사다리 타기!

▶정답 17쪽

번호 순서대로 사다리를 타고 내려가세요. 설명에 맞는 핵심어이면 ○표, 틀린 핵심어이면 X표에서 다시 사다리를 타서 세 자리 비밀번호를 순서대로 써 보세요.

❶ 깨달음을 얻기 전 부처님의 이름. 원래는 인도 한 작은 왕국의 왕자였어.

❷ '관중과 포숙아의 사귐'이라는 뜻 친구 사이의 깊은 우정을 뜻하는 사자성어야.

❸ 중국의 유명한 학자야 자신을 따르는 제자들에게 언제나 인(仁)을 강조했어.

관포지교   아소카왕   싯다르타

비밀번호는 ❶9 ❷7 ❸3

본문 96쪽

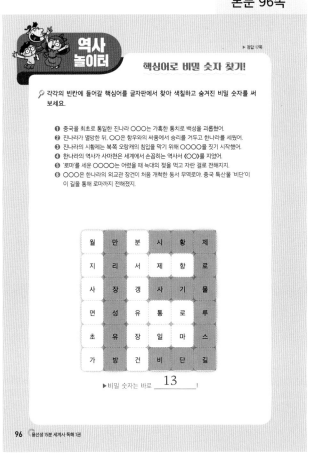

역사 놀이터
핵심어로 비밀 숫자 찾기!

▶정답 17쪽

각각의 빈칸에 들어갈 핵심어를 글자판에서 찾아 색칠하고 숨겨진 비밀 숫자를 써 보세요.

❶ 중국을 최초로 통일한 진나라 ○○○는 가혹한 통치로 백성을 괴롭혔어.
❷ 진나라가 멸망한 뒤, ○○는 항우와의 싸움에서 승리를 거두고 한나라를 세웠어.
❸ 진나라의 시황제는 북쪽 오랑캐의 침입을 막기 위해 ○○○○을 짓기 시작했어.
❹ 한나라의 역사가 사마천은 세계에서 손꼽히는 역사서 《○○》를 지었어.
❺ '로마'를 세운 ○○○는 어렸을 때 늑대의 젖을 먹고 자란 걸로 전해지는.
❻ ○○○은 한나라의 외교관 장건이 처음 개척한 동서 무역로야. 중국 특산물 '비단'이 이 길을 통해 로마까지 전해졌지.

| 월 | 만 | 분 | 시 | 황 | 제 |
|---|---|---|---|---|---|
| 지 | 리 | 서 | 제 | 항 | 로 |
| 사 | 장 | 갱 | 사 | 기 | 물 |
| 면 | 성 | 유 | 통 | 로 | 루 |
| 초 | 유 | 장 | 일 | 마 | 스 |
| 가 | 방 | 건 | 비 | 단 | 길 |

▶비밀 숫자는 바로 __13__ !

## 역사 놀이터

미로 탈출하며 핵심어 찾기!

▶ 정답 18쪽

아이들이 용선생을 만나러 가는 길에 본 핵심어를 빈칸에 순서대로 써 보세요. 그리고 핵심어에 알맞은 설명을 찾아 연결해 보세요.

카르타고의 명장. 알프스산맥을 넘어와 로마를 공격했지.

로마의 장군. 귀족들의 방해를 뚫고 로마의 일인자가 되었어.

이집트의 여왕. 로마 장군의 도움으로 남동생을 왕위에서 쫓아냈어.

## 역사 놀이터

가로세로 핵심어 찾기!

▶ 정답 18쪽

가로세로 열쇠 힌트를 읽고, 알맞은 핵심어를 넣어 가로세로 역사 퍼즐을 완성해 보세요.

### 가로 열쇠

❶ 카이사르의 후계자 ○○○○○○는 로마 최초의 황제가 되었어.
❹ 크리스트교는 ○○가 창시한 종교야.
❻ 크리스트교를 공인한 로마 황제의 이름이야.

### 세로 열쇠

❷ 훈족의 왕 ○○○는 잔혹함으로 로마 제국을 공포에 떨게 만들었어. 사람들로 부터 '신의 채찍'이라는 별명을 얻었지.
❸ 로마 제국의 도시 폼페이는 ○○○○ 화산 폭발로 하루아침에 사라졌어.
❺ 카이사르의 부하야. 클레오파트라와 사랑에 빠진 뒤 로마의 배신자 취급을 받았지.

세계사와
독해력을
한 번에!

# 용선생 15분
# 세계사 독해

★ 120명의 인물 이야기로 다지는 세계사 기초!

★ 매일 15분!
초등 비문학 독해력 향상!

★ 중학 역사 교과서 연계!

글 사회평론 역사연구소 외 | 그림 뭉선생 외 | 캐릭터 이우일

전 4권

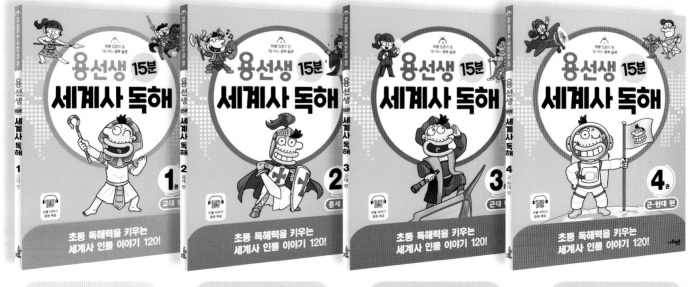

1권 고대편          2권 중세편          3권 근대편          4권 근·현대편

# 세계사와 독해력을 한번에 잡는다!

## 1 인물로 다지는 세계사 기초!

중학교 들어가면 세계사를 배우잖아요.
세계사를 시작해야 하는 초등 고학년에게 이 교재를 강력 추천합니다!
흥미로운 인물 이야기로 부담 없이 세계사 전체를 훑어볼 수 있어요.

강가애 선생님 (반포 <생각의 탄생> 원장)                    ★ ★ ★ ★ ★

## 2 비문학 독해력 향상!

아이가 동화책만 읽어서 고민했는데
이 교재는 비문학인데도 이야기체라서 술술 읽었어요.
독해 문제도 풀고 어휘까지 꼼꼼히 챙기니 비문학 독해에 자신감이 생겼어요.

초등 4학년 학부모 김O은                              ★ ★ ★ ★ ★

## 3 배경지식 확장!

아이가 호기심이 생겼는지 "다음 이야기가 궁금해! 찾아볼래!"라고 했어요.
이 책은 다양한 분야의 인물을 통해 폭넓은 배경지식을 얻을 수 있는
좋은 교재란 생각이 들어요.

초등 5학년 학부모 최O선                              ★ ★ ★ ★ ★

## 4 자기 주도 학습 능력 신장!

공부할 때 산만하던 아이가 시키지 않아도 매일 15분씩 혼자 쭉쭉 풀었어요.
"더 하면 안 돼? 너무 재밌어!"라고 하더라고요.
책상에 앉아서 첫 공부를 이걸로 하니까 학습 습관이 잡혔어요.

초등 3학년 학부모 임O현                              ★ ★ ★ ★ ★

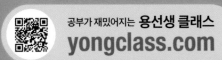

공부가 재밌어지는 **용선생 클래스**
**yongclass.com**

|  | 초등학교 |
|---|---|

| 학년 | 반 | 번 |
|---|---|---|

이름